ガン

植民 ……ール料理を代表するスープ、
ガン ……ンスの食文化が融合したも
の。 ……と西洋が混交した創作地方
料理

写真：Valereee

一般的なチリとシンシナティ・チリ

南西部テキサスで生まれた、トウガラシのスープで牛肉を煮込んだチリは、創作メキシコ料理というべきものだった。その後チリは、中西部オハイオ州シンシナティのギリシア系移民の手でパスタのトッピングへと変身。さらに、ドイツ系移民の食文化を起源とする、創作エスニックサンドイッチのハンバーガーやホットドッグのトッピングにも活用される運命をたどった

▼スシロール

海苔を内側に巻き、上にゴマや飛子などでカラフルなトッピングをすることも多い。クレオール料理のガンボーがあり合わせの材料を自在に組み合わせたように、スシロールも自由な発想で創作されることが多く、名称も中身も店ごとに様々

写真：アフロ

写真：Beyond Sushi

▲グリーンロール

自然志向・健康志向の高まりとともに登場したスシロールの究極の進化形は、ビーガンのグリーンロール。2012年創業の「ビヨンド・スシ」では、ニンジンやゴボウのほか、アスパラガス、豆腐、マンゴー、アボカドなども巻いたり乗せたりする。それぞれ、専用のドレッシングのようなソースで食べる

ブッダボウル

全粒穀物、植物性蛋白、野菜・果物の３要素を自在に組み合わせるのが、ビーガンのブッダボウルで、ヘルシーとエスニックのクロスオーバーというべき存在。玄米やキヌアをベースに、様々な種類の豆や豆腐などを乗せ、数種類の野菜や果物を加えて、見た目にもカラフルに仕上げているものが多い。700キロカロリー程度で、値段は10ドル前後が一般的

中公新書 2540

鈴木　透著

食の実験場アメリカ

ファーストフード帝国のゆくえ

中央公論新社刊

まえがき

アメリカの食べ物といえば、ハンバーガーとフライドポテトを真っ先に思い浮かべる人が多いだろう。だが、アメリカ人が週に三回以上食べるとされるこれらはいずれも、北アメリカ大陸に暮らしていた先住インディアンの食べ物でもなければ、後のアメリカ合衆国となる植民地を築いた中心勢力であるイギリス系白人のレパートリーでもない。ハンバーグはドイツ料理だし、フレンチフライの異名からもわかるように、フライドポテトも元はフランスやベルギー式の食べ方だ。また、アメリカは世界最大のピザ消費国だが、そのピザも、イタリアが起源である。

しかも、こうした非イギリス起源ながら現在ではアメリカ人の食生活に欠かせない存在となっている食べ物に対しては、ファーストフード的な画一化された食というイメージを持っている人が多いだろう。だが、実際にはアメリカでは、グルメバーガーやグルメピザと呼ばれる、ファーストフードとは一線を画す路線を追求しているレストランも少なくないし、地方ごとのバリエーションもある。

シカゴスタイル・ホットドッグ（photo by Arnold Gatilao）　フランクフルトはビーフで、ケシの実をまぶしたパンに、ピクルス、トマト、みじん切りのタマネギなどを挟む。マスタードをつけるが、ケチャップはかけないのが一般的

例えばシカゴに行けば、シカゴスタイル・ホットドッグとか、シカゴスタイル・ピザと呼ばれるものがある。フランクフルト（ドイツ料理）もピザもイギリス起源ではないが、さらにそれが一風変わったスタイルに進化しているのだ。シカゴのホットドッグは、フランクフルト以外にも、トマト、タマネギ、ピクルス、ハラペーニョなどを、まるでハンバーガーのような感覚でパンに挟む一方、定番のケチャップは使わないことが多い。また、シカゴのピザは、ディープディッシュ・ピザと呼ばれ、生地が分厚く、中にソーセージやマッシュルーム、ピーマンなどが埋め込まれている。アップルパイのような形状で、パイの中身の部分にチーズとともに具がぎっしり詰まっている姿を想像してもらえばよい。一九二九年の大恐慌から第二次世界大戦にかけての食糧難の時期に、一回の食事で十分な栄養を取れるようにしようと普及した食べ方が、今やローカルフードとして定着しているのだ。

　このように、典型的なアメリカ料理と思われているものは、実際には非イギリス起源であるだけでなく、世界の他のどこにも存在しなかったようなユニークな姿に変身している例もある。

一方、日本では一般にはあまり知られていないことかもしれないが、映画観賞の必需品ともいうべき、アメリカを代表するスナックのポップコーンは先住インディアン由来の食べ物だし、フライドチキンは黒人奴隷と深い関わりを持つ。パーティメニューの定番、バーベキューに至っては、先住インディアンと黒人奴隷の両方の存在なくして成立しえなかった料理だ。

長らくアメリカ社会の実権を握ってきたのは、イギリス系の白人である。だが、このようにアメリカを代表する食べ物は、決して彼らの食文化の遺産というわけでもなければ、よその国の食べ物の単純なコピーという存在でもない。概してアメリカは、食に関しては後進国のように思われがちだ。だが、人為的集団統合を宿命づけられたアメリカは、イギリスのみならず、非西洋や移民の食文化の伝統から国民的食べ物を生み出すという、実は想像以上に複雑な過程を経て独自の食文化を築き上げたのだ。

ある集団がどのような料理を食べるのか、また、いつからいかなる理由で食べるようになったのかといったことは、その集団の正体を考える重要な糸口となるはずだ。そして、アメリカの食文化は、イギリス系の人々のアングロサクソン文化＝アメリカ文化と単純に片づけるわけにはいかない、という事実を語っている。このことは、「アメリカは、イギリス系白人がアングロサクソン文化にその他の人々を同化させることによって国民統合を成し遂げてきた」という従来型のアメリカ観への疑問を突きつけるとともに、「アメリカ人とはいかなる集団か」、また、「アメリカ文化とは何か」という問いをあらためて提起する。

しかも、こうしたいわばよそ者の食文化が、ファーストフードという画一化への圧力を受けつつも、独自のローカルフードをも生み出してきた経緯は、アメリカのファーストフードの正体が単なる食の標準化現象として語りつくせないことを暗示する。実際、アメリカにおけるファーストフードの成立過程は、産業社会の食の変革と深く結びついていたのであり、そこには様々な創造性もはたらいていた。アメリカ食文化の歴史は、この国の異種混交的な背景が産業社会という器の中で新たな実験へと展開されていった軌跡でもあるのだ。

もっとも、その実験は、必ずしも良い成果ばかりを生んだわけではなかった。ファーストフードへの依存が高まるにつれ、アメリカは肥満大国と化し、低コスト化への圧力によって農業の形までもが歪められてしまった。だが現代アメリカでは、脱ファーストフードに向けた様々な試みが芽生えており、移民大国アメリカの食をめぐる実験は新たな段階を迎えつつある。結果的にファーストフードの黄金時代を作り上げてしまった産業社会の食の変革は、今度は健康志向や、西洋料理という枠を超越した地域横断的で大胆な食の融合を強く意識するようになってきている。ベジタリアン・メニューの開発が盛んに行われ、メキシカンボウル（メキシコ丼）のようなラテンアメリカ料理とアジア料理を合体させた新たな創作エスニック料理が登場している状況は、食文化が貧しいと思われがちなアメリカが実は豊かな食文化のポテンシャルを持っているという、常識を覆す視点へと私たちを導いてくれる。そして、こうした潮流は、アメリカ発のファーストフードが世界を席巻したように、未来の世界にも大きな影響を与える可能性がある。

そもそも食べ物は、人間の身体を形作る存在であり、生命の安全に関わっている。つまり、何をどう口にするかは、一見すると極めて個人的な選択のように見えるが、食材をどう生産し流通させ、どのような食事として提供するかという営みは、食の安全や人々の健康といった公共の福祉と切り離すことはできない。個人という次元を超えた社会的合意（ないしは不服従）の次元を含んでいるのだ。

とすれば、食べ物の歴史は、人々による社会的選択（あるいはその失敗）をも体現しているのであり、そこにはその集団がたどってきた変革の記憶が刻まれている。食文化史は、アメリカ社会の価値観の変遷や対立を浮き彫りにするとともに、この国がどのように生まれ、現代アメリカがどのような社会へと向かいつつあるのかをも教えてくれる。なぜアメリカではファーストフードが発達したのか、また、現代アメリカではなぜ国境横断的なフュージョン料理が流行しているのか、さらには、農家と消費者の新たな関係を模索する動きがなぜアメリカでは広がりつつあるのかといった疑問は、アメリカという国の社会的価値観や文化的創造力のゆくえを照射することに通じているのである。

このように食文化史は、アメリカという国の特質や創造性、現在位置を把握する貴重な情報を含んでいる。だが、日本で食べ物の研究というと、多くの場合は栄養学的なアプローチが中心で、外国文化研究に活用する発想はあまり見られない。しかし、上述したように、アメリカの食べ物が伝える記憶に目を止めることは、この国が何をしてきたのか、何ができなかったのか、何をこれからしようとしているのかといった、アメリカという国の核心と今後の動向の両方をより鮮明に捉えることにつながる。

本書は、普段あまり深く考えることのない、食が背負っている文化的・社会的意味こそが、実はアメリカという国の正体に迫る有力候補だという確信に基づいている。と同時に筆者は、生命の維持に直結する食べ物に刻まれた記憶と向き合うことが、混迷する超大国の現状を打開し、変革を呼び込む糸口になると考える。ここから得られる知見は、私たちが自分たちの食べ物、さらには私たち自身を見つめ直す新たなきっかけにもなるだろう。

目次

カナダ
ニューイングランド地方
ウースター
マサチューセッツ
プロヴィデンス
ボストン
プリマス
ロード
アイランド
ポートランド
オレゴン
ミネソタ
ミネアポリス
セントポール
ピッツバーグ
ミシガン
ニュー
ヨーク
デトロイト
ペンシル
ヴァニア
ニューヨーク
バークレー
デイビス
サンフランシスコ
シカゴ
マリオン
フィラデルフィア
イリノイ
オハイオ
ワシントンD.C.
コロラド
カンザスシティ
セントルイス
シンシナティ
カンザス
ミズーリ
ケンタッキー
ヴァージニア
カリフォルニア
ウィチタ
コービン
サンタフェ
サンタモニカ
ロサンジェルス
アリゾナ
ニュー
メキシコ
テネシー
ノースカロライナ
メンフィス
サウスカロライナ
フェニックス
リンチバーグ
アトランタ
チャールストン
アラスカ
ジョージア
テキサス
ウェイコ
ルイジアナ
0
500km
ハワイ
ニューオーリンズ
サンアントニオ
フロリダ
メキシコ
マイアミ
バハマ諸島
0
1000km
0
200km

食の実験場アメリカ

ファーストフード帝国のゆくえ

序章

三つの記憶と一つの未来

アメリカ食文化史の見取り図

アメリカは、国家体制も国民の範囲も不明確なまま、混乱の中から出発した。武装闘争による革命にまったく目途が立たない中、一七七六年に見切り発車的に起草された独立宣言は、独立後の国名はおろか、一三の植民地がそれぞれ独立国家となるのか、それとも一つの連合国家となるのかさえ、曖昧にしていた。先住民問題や奴隷制度を棚上げしたままの独立は、自由と平等という自らが掲げた理念との落差の大きさを物語っていた。

だが、それは、人為的な集団統合と理念先行国家としてのアメリカの実験の始まりでもあった。そして、文化的独立への希求は、新たな食習慣を生み出そうとする実験に弾みをつけることになった。その試行錯誤の軌跡は、この国の生い立ちと現在、さらには未来の予感さえをも、映し出している。

記憶媒体としての食べ物

本来、食べ物には、過去の記憶が詰まっている。食べ物は、ある集団がいかにしてどのような食糧を確保するようになったのかをはじめ、別の食習慣を持ついかなる集団と関わり合ってきたのか、さらには、食生活に関して意識的にどのような社会的選択を行ったかを、いわばタイムカプセルのように今に伝えている存在といえる。ある意味では、食べ物は、その集団が波瀾に満ちた過去をどう生き抜いてきたのかを伝える記憶媒体なのだ。

もっとも、食事のたびに人々は食べ物が伝えるこうした記憶を思い起こすわけではない。いやむしろ、目の前の食べ物に秘められた、祖先たちの過去の実験や冒険の記憶の存在にすら、人々は気づかなくなってしまっているのだ。とはいえ、食べ物を記憶媒体として再認識する時、それは現在の自分たちの位置を捉え直す有効な道具となる。しかもそのチャンスは、恐らく一日の内に必ずあるに違いないのだ。

その意味からすれば、何も考えずにただ三食を口にするのは、実は何とももったいない話である。自分が生きている社会の歴史的位置に対する問題意識を深めるチャンスを、自らみすみす葬っているに等しいからだ。しかし、食べ物を見つめ、そこにはどのような過去の記憶が刻まれているのだろうかとふと考えてみる時、食べ物は人々が忘れてしまった過去の記憶を語り始める。では、現在アメリカ人が口にしている様々な食べ物からは、どのような記憶を取り出すことができるのだろうか。

それらは、およそ三種類の記憶に大別できる。第一は、植民地時代から独立革命期という、今から二〇〇年以上も前のこの国の形成期の記憶、第二は、一九世紀後半から二〇世紀半ばにかけての産業社会の形成と発展の記憶、第三は、一九六〇年代以降の産業社会のあり方に対する抵抗の記憶である。

アメリカの原風景

本書の第1章、「生き続ける非西洋の伝統――食に刻まれたアメリカの原風景」では、第一の記憶、すなわちアメリカの食べ物が体現するこの国の原点について取り上げる。ここでは、例えば、ポップコーンやフライドチキン、バーベキュー、バーボン・ウィスキーなど、アメリカを代表する食べ物や飲み物として親しまれているもののいくつかが、非西洋の食習慣に重要な起源を持ち、その誕生と普及には植民地時代から独立革命期の諸事情が深く関わっている点に言及する。実際、アメリカ食文化の原点は、非西洋と西洋の食の伝統が地域ごとに独特の形で融合して誕生した、世界のどこにも存在しなかったような数々の混血料理／創作料理にあった。今からは想像し難いかもしれないが、植民地時代のアメリカでは、白人入植者が先住インディアンとアフリカからの黒人奴隷と接触した結果、小麦文化圏、トウモロコシ文化圏、米（コメ）文化圏が近接し、相互に影響を与え合うという、実に豊かな食文化の土壌が出現していたのだ。

さらに、食べ物から取り出せる植民地時代の記憶は、アメリカ独立革命の持つ、もう一つの忘れられた意味に気づかせてくれる。アメリカの独立革命の重要な発端は、食品への課税強化をめぐる、イギリス本国との関係悪化であった。つまり、独立革命の政治的対立の陰には、「アメリカの食はどうあるべきか」という文化的独立への契機も存在していたのだ。

結果的にアメリカの独立革命は、多様で豊かな植民地時代の食文化と政治的・文化的意味が刻まれたナショナルな食文化との併存というべき状況を手繰り寄せた。それは、ローカル、ナショナル、インターナショナルの三要素が決して互いを排除することなく絶妙に共存する形でアメリカの食文化の基層が形成されたことを意味していた。食べ物が伝えるアメリカの原風景の記憶は、政治的な出来事の背後に隠れがちな、本来この国の文化がどのようなポテンシャルを持って生まれてきたのかをも伝えているのだ。

ファーストフードの成立過程

だが、アメリカにはかつて豊かな食文化があったという事実に、多くの読者は半信半疑かもしれない。それは、今日のアメリカの食が画一化されたファーストフードに大きく依存しているためだ。本書の第2章「ファーストフードへの道――産業社会への移行と食の変革の功罪」では、アメリカの食べ物に刻まれた第二の記憶である、産業社会の形成と発展に焦点を当てる。そして、これらの記憶を頼りに、現代のファーストフードビジネスが半世紀以上をかけてどのようにして成立したのかをたどる。

ファーストフードというと、画一化された味気ない食事、便利で低価格だが不健康なアイテムといったイメージが今では一般的であろう。だが、ファーストフードを構成する個々の要素に着目してみると、これらはむしろ産業社会の食の変革や技術革新の成果でもあると同時に、アメリカ食文化の基層の持つ異種混交的な成り立ちとも決して無関係ではないことがわかる。今でこそファーストフードの代表的存在となっているハンバーガーは、フィンガーフードへの需要の増大に合わせて考案された、創作エスニックサンドイッチの一種であった。それを構成し、ファーストフード産業にとって必須アイテムとなっているような、トマトケチャップ、ピクルス、清涼飲料なども、移民たちが起業したエスニックフードビジネスや、健康食品の開発と深く関係していた。実はファーストフードの基盤には、異種混交的な創造性や産業社会に相応しい新たな食品を開拓しようとする精神が流れていたのだ。

一方で産業社会は、内側からも外側からも、食の利便性を極度に向上させようとする圧力にさらされていた。台所の進化、冷凍技術の発達、自動車社会の到来――。新たな技術の登場で食べ物の安全性への関心が薄らぐ中、食べ物の中身よりも食の提供のあり方への関心が増大した。安さと速さを両立させたファーストフードは、食をめぐる効率追求への最終回答となる。だが、サービスの提供に必要なコストを最小化する必要上、それは食べ物の中身を規格化するという代償をもたらした。そこには、食の変革の夢が産業社会内外の諸事情と複雑に絡み合った結果、いつしか利便性とコストの追求に置き換えられ、アメリカの豊かな食文化の基層さえをも大きく侵食してしまったという、苦い記憶も刻み込まれているのである。

ファーストフードへの抵抗の記憶

ファーストフードビジネスが骨格を整えてから、半世紀以上がすぎた。しかし、この間、ファーストフードへの異議申し立てがなかったわけではない。いやむしろ、実際にはファーストフードへの激しい抵抗が試みられてきた。現代アメリカに見られる食習慣のいくつかは、こうした抵抗の記憶を今に伝えている。

本書の第3章、「ヒッピーたちの食文化革命――蘇生する健康志向とクレオール的創造力」では、アメリカの食べ物が伝えている第三の種類の記憶、すなわち、産業社会が結果的にもたらしてしまった食の画一化への抵抗を取り上げる。ここでは、冷凍食品やファーストフードなど、産業社会の中で強まっていた食の標準化傾向への異議申し立てが、一九六〇年代から七〇年代にかけてヒッピーたちのカウンターカルチャー（対抗文化）を震源地として噴出し、その記憶が現代の有機食品ブームやエスニックフードリバイバルに脈々と流れている点について述べる。画一化された食に多様性を回復しようとしたヒッピーたちの食文化革命が、いかにしてヘルシー志向とエスニック志向という一見無関係に思える二つの方向性を同時に手繰り寄せたのか、そして、その過程で登場した新たな食文化が紆余曲折をたどりながらもどのように進化し続けているのかを紹介しよう。

このようにアメリカの食べ物を記憶媒体とみなす時、そこから取り出せるのは、豊かな食文化の基層を持ちながらも、産業社会の食の変革がかえってこの国の食文化を硬直させ、そこからの脱却をこの国が模索してきている経緯である。こうした三種類の記憶を伝える食べ物に囲まれているのだと人々が気づき、アメリカ食文化史の見取り図がより鮮明に意識されるようになれば、ファーストフード社会を乗り越えようとする変革のうねりがさらに高まっていくとしても決して不思議ではない。

この国の食文化を蝕んでいると見られがちなファーストフードビジネスは、皮肉にもこの国の移民大国としての創造性と産業社会の技術革新の帰結でもあった。そのジレンマを乗り越えることは、この国にとっていわば自分自身との戦いとしての意味を持っており、そのためには、そこへと至った経緯を再認識する作業が欠かせない。これら三種類の記憶は、ポストファーストフード社会というべき一つの新たな未来へとつながっているかもしれないのだ。そして実際そうした未来は、少しずつ姿を現し始めている。それは、ファーストフードがアメリカにおける食をめぐる実験の決して終着点ではないことを予感させる。

ポストファーストフードの未来

本書の第4章、「ファーストフード帝国への挑戦——変わり始めた食の生産・流通・消費」では、格差社会の到来とともにファーストフードビジネスがより強大化する中、ヒッピーたちの挑戦が現代ではどのようにさらに形を変えて引き継がれているのかを探り、それがファーストフード社会に代わる未来をどのように手繰り寄せようとしているのか、始まったばかりの新たな物語のゆくえを取り上げる。ファーストフードへの異議申し立ては、もはや単なる食の画一化への抵抗という次元を超えて、食の生産・流通・消費のプロセスの根本を刷新しようとする新たなパラダイムシフトを生み出しつつある。

実際、現在のアメリカでは、食をめぐる問題をトータルに考えようという発想の台頭に呼応するかのように、「フードウェイ」(Foodway)という言葉がよく使われるようになっている。あえて訳せば「食習慣」といった意味合いだが、これには、食材、調理法、食糧生産、食糧法制、食文化史などが広く含まれ、人と食との関わり全般を包括的に表す概念となっている。そして、このように食を社会全体の中に位置づけてトータルに考える傾向は、利便性や効率偏重の産業社会に代わる社会モデルを、食を基点に構築しようとする発想へと進化してきており、農業の姿や地域社会のあり方までをも変えようとしている。

と同時にここで見落とせないのは、こうした動きがアメリカ食文化史に刻まれた様々な遺産を再編成しながら進行し始めている点だ。新たに始まろうとしている物語は、ヒッピーたちの食文化革命の後継者というべき存在であるが、ヒッピーたちの「革命」自体、そのヒントはアメリカ食文化史上の様々な遺産と密接に結びついていた。未来は、過去の記憶を蘇らせた先に広がっているのだ。

食から社会を変革する

このように現代アメリカにおける食をめぐる新たな動きは、食に刻み込まれた記憶を取り出す時、社会変革への道筋が開けるかもしれないことを予感させる。終章「記憶から未来へ――新たなる冒険の始まり」では、ファーストフードへの対抗軸として食の変革を推し進めていく時、それがどのような射程を秘めているのか、最後にもう少しマクロな次元から検討を加えてみたい。ここでは、現代アメリカが直面している課題をあらためて整理した上で、食を基点とした新たな社会モデルへの接近が、究極的には格差社会を是正し、非WASP多数派時代が秒読み段階に迫る中、公的世界の秩序が揺らいでいる超大国の現状を様々な観点から大きく変える可能性を持っていることを指摘する。

アメリカの食から取り出せる記憶は、この国が本来どのようなポテンシャルを持っていたのか、にもかかわらずそれを活かしきれず、かえって自滅の道を歩んできてしまったかもしれない、という危機感を再認識する助けとなる。と同時にそれは、食べ物に刻まれた記憶を現代に招き入れることが、新たな未来を切り開くヒントになることをも教えてくれる。そして、このことに気づき始めた人々が、アメリカではすでに行動を起こしているのだ。それは、同じくファーストフードの存在感が高まり、格差社会の様相を強めつつある日本にとっても、注目に値する動きといえよう。

本書では、記憶媒体としての食べ物という観点からアメリカ食文化史をたどりながら、豊かな食文化がなぜファーストフードという画一化された食へと大きく塗り替えられたのか、そして、それに対する反動がどのようにアメリカ社会を変えつつあるのかを浮き彫りにする。何をどのように食べるかには過去の記憶が刻まれていると同時に、それは社会的選択の帰結でもある。記憶を封印することは変革を遠ざけ、逆に記憶を取り出すことが変革を手繰り寄せる糸口になる。未来に向けて現代アメリカはいかなる社会的選択を食というタイムカプセルに詰め込もうとしているのかを探り、食から社会を変えるという、一見すると荒唐無稽に思われかねないシナリオがどのような可能性を持っているのかを明らかにしたい。

第1章

生き続ける非西洋の伝統

食に刻まれたアメリカの原風景

植民地時代のアメリカには、ハンバーガーもピザもコーラもなく、国民食と呼べるようなものはなかった。この時代のアメリカの食卓は、今日とはおよそ違った姿をしていた。だが、それは、食文化の貧しさを意味していたわけではなかった。いやむしろ、当時のアメリカには実に豊かな食文化が花開いていたのだ。

ここでは、植民地時代のアメリカの豊かな食文化がいかにして形成され、その恩恵がどのように今日まで及んでいるのかを明らかにするとともに、独立革命が食文化史上どのような意味を持つことになったのかを取り上げる。そして、植民地時代から独立革命を経て一九世紀半ばにかけての建国初期に形成されたアメリカ食文化の基層が、この国のどのようなポテンシャルを体現していたのかを指摘する。

1 白人入植者の食を支えた先住インディアンと黒人奴隷

食糧調達の素人としての白人入植者

白人入植者は、北アメリカに植民地を建設していく過程で、主として二つの異なる集団と関わりを持つことになった。それは、北アメリカに暮らしていた先住インディアンと、プランテーションの労働力としてアフリカから連れてこられた黒人奴隷であった。実は白人入植者たちは、こうした他者の食文化に大きく依存せざるをえなかったのであった。

それは、白人入植者たちが、必ずしも食糧調達の技術にたけてはいなかったからだった。一七世紀に北東部ニューイングランドに移住した宗教移民ピューリタンは、農業に習熟している集団ではなかった。また、南部への投機的移民は、タバコなどの換金作物をプランテーションで大規模栽培し、ヨーロッパに輸出して利益を上げるという、一種の事業家を目指していた人々であり、食糧自給能力に優れていたわけではなかった。

つまり、白人入植者の中には、農業・漁業・狩猟採集といった、未開の地での食糧確保の技術を十分持たない人が多数含まれていた。しかも、ヨーロッパから遠く離れていたので、物資の補給も不安定だった。それゆえ、白人入植者たちは、食生活においては先住インディアンや黒人奴隷に依存せざるをえなかった。白人入植者たちの食生活には、先住インディアンや黒人奴隷たちの食文化が当初から混入することとなったのである。

先住インディアンの食の伝統と農業技術

白人が北アメリカ大陸にやってくるようになる大航海時代には、先住インディアンは北アメリカ大陸に広く分布し、地理的多様性に合わせた生業を営んでいた。

例えば、バッファローなどの大型草食動物が豊富だった大陸中央部平原地方では、獲物を求めて移動する生活をしていたが、森林資源が豊富だった南東部から北東部にかけては、小動物の狩猟や木の実などの採集に加えて、菜園的な農耕も行っていた。一方、海や川の水産資源が豊富だった太平洋岸では、サケが重要な食糧源だった。先住インディアンと一口にいっても、その食生活のあり方は、地理的条件ごとにかなりの多様性があった。

しかし、同時にそこには、環境に過度の負担をかけずに合理的に必要な食糧を入手する発想を共通してみることができる。そして、それは先住インディアンの菜園的農業にも顕著に表れている。そこでは、たいていの場合、ある決まった組み合わせの作物が栽培されていた。それは、トウモロコシ、カボチャ、豆で、先住インディアンは、これらを「三姉妹（スリーシスターズ)」と呼んで、切っても切り離せない関係にあるものと考えていた。

実際、この組み合わせは極めて合理的だ、とジャック・M・ウェザーフォードは指摘する。まず、盛り土をしたところにトウモロコシを植える。すると、丈夫で広い葉の大きな影が豆類の上にでき、強烈な日差しから豆類を守る。そして丈夫な茎は、豆やカボチャがつるを伸ばすための支柱となる。さらに、カボチャのつるは、トウモロコシと豆の間の地面を覆うように広がって土を覆い隠し、雨水を受け止める保水の役割を果たして、盛ってある土砂の流出を防ぐとともに、余計な雑草が生える場所をつぶす。一方、豆もトウモロコシの成長に必要な窒素を空気中から土の中に取り込む。

つまり、これら三種類の作物が互いに助け合う形で合理的な成長を促進し、草取りの手間もいらず、動物も近づきにくく、土地もやせにくいというわけだ。今日の有機農業顔負けの、化学肥料なしの多品種同時栽培法なのである。しかも、これらの作物は栄養価が高く、ビタミン、ミネラル、カロチン、蛋白質など、重要な栄養素を摂取するのに適していた。

また、先住インディアンたちは、収穫を上げるための農業技術も持っていた。ヨーロッパでの穀類の栽培では、小さな種を地面の上にまくのが一般的だった。しかし、先住インディアンは、まくのではなく、地面の中に植える方がよく成長することを知っていた。それればかりでなく、植える種を選別し、それを繰り返し植えることで、特徴ある品種を生み出すことにも成功していた。例えば、トウモロコシの場合、黄色や白、青や赤といった様々な色に加え、甘いものとか粒の硬いものなど、その種類は数十に及んだといわれている。

現在のトマトも、アメリカ大陸の先住民による品種改良の恩恵を受けている。トマトの原産地は南米のアンデス山脈一帯といわれるが、そこになっていたのは、今日のミニトマトのような小さなトマトであった。だが、現在のメキシコで栄えたアステカ帝国では、トマトを品種改良によって大型化することに成功していた。実際、白人入植者がやって来る段階まで、作物の品種の数は、豆の種類をはじめとして、ヨーロッパに比べてアメリカ大陸の方が圧倒的に多く、トウガラシ、ジャガイモ、トマト、カボチャなどもアメリカ大陸原産であった。これらの作物が本格的にヨーロッパに入っていくのは、大航海時代以降のことである。

白人入植者たちが食糧確保の困難に直面した時、先住インディアンたちは、彼らの進んだ農業技術を提供した。両者の関係は、結果的には武力弾圧の歴史へと向かうのだが、両者が遭遇した当初は、食糧確保の必要から白人側が平和的にアプローチすることも珍しくなかった。一方、先住インディアンには、土地の私有という概念がなく、神から与えられた共有財産たる土地に関しては、他者にも便宜を図るのが彼らの流儀であった。その結果、先住インディアンの農業技術が白人へと伝わり、白人入植者は生き延びることになったのだ。その後の歴史を考えれば、ある意味では白人たちは恩をあだで返しているともいえる。

先住インディアンが白人入植者に勧めたのは、トウモロコシ、カボチャ、豆類のスリーシスターズの栽培だった。しかし、これら三種類の作物は、いずれも当時のヨーロッパではなじみ深い食材とはいえなかった。そこで、白人入植者たちは、いわばこれらを代用品として受け入れることで、食生活をまかなう道を模索し始めたのだった（ちなみに、ハロウィーンに欠かせないジャック・オー・ランタンも、元来アイルランドではカブをくりぬいて作っていたが、一九世紀に大量にアメリカに押し寄せたアイルランド系移民がカボチャで代用するようになり、現在の形が定着した）。

先住インディアンの食材の代用と混血料理／創作料理の萌芽

白人入植者と先住インディアンとの遭遇で生まれた新たなレパートリーは、感謝祭にその痕跡を止めている。アメリカでは、一一月の第四木曜日が感謝祭という連邦の祝日になっており、ちょうど日本のお盆のように人々が帰省し、家族で食事をともにする。その際の定番メニューが、ローストターキー、コーンブレッド、パンプキンパイといった料理である。

感謝祭が連邦の休日になったのは、南北戦争中の一八六三年であり、これらのメニューが定着したのも一九世紀後半なので、実際にはこの風習は植民地時代から続いていたわけではない。だが、毎秋の恒例行事として定着するにつれ、これらの料理は、アメリカ建国の源流の一つであるピューリタンと強く結びつけられるようになる。

ピューリタンの第一陣は、一六二〇年にメイフラワー号で現在のマサチューセッツ州プリマスに流れ着いた。寒冷な北東部に、しかも冬季に流れ着いてしまった彼らは、一冬を越す間に全体の半分程度が病死してしまった。翌年彼らは、近隣の先住インディアンの協力を得て作物の栽培に何とか成功し、収穫を神に感謝する祝宴を催して、先住インディアンたちをお礼に招待した。その時の食材の記録はあるものの、レシピの詳細は不明だ。

その後アメリカでは、軍事的勝利や収穫などの重要な出来事があると、各地で教会や政府が不定期に感謝祭を祝い、祝宴を催すようになる。そして、南北戦争での北部の勝利を経て北部中心のアメリカ史観が決定的になると、一六二一年のピューリタンの祝宴は、感謝祭の源流としてアメリカ建国のルーツへと祭り上げられた。感謝祭のメニューは、アメリカのシンボルとして神聖な意味を持つに至り、ピューリタン以来アメリカで利用されてきた七面鳥やトウモロコシ、カボチャといったアメリカらしい食材を使った料理でピューリタンをしのぶようになった。それは一六二一年の祝宴のメニューの正確な再現というわけではないが、アメリカの食の原点がどのように考えられてきたかを知る上では参考になる。

感謝祭の料理（photo by Ms Jones）　ローストターキーでは、中に詰め物（スタッフィング）をすることがよくある。スタッフィングには、パン生地のベースにみじん切りの野菜やソーセージなどが入っている

ヨーロッパでは、カモが食材になっていたが、新大

陸には大型の飛べない鳥として七面鳥が豊富だった。今でもサンドイッチの中身によく使われるターキーは、丸焼きにすればかなりの分量で、祝宴の主菜に相応しいことから、これこそ、代用品を駆使したアメリカらしい豪華な食事の原点に位置づけられたのだ。また、新大陸で白人たちはトウモロコシと本格的に出会ったわけだが、先住インディアンにはトウモロコシの様々な調理法があった。その一つが挽いてパン生地のようにする方法で、しかもイースト菌を使うよりも手軽かつ短時間に焼けた。現在でもよく見かけるコーンブレッドは、小麦から作るパンの代用品として、植民地時代から親しまれてきた。さらに、カボチャの甘さは、お菓子に転用してパイを作るというアイデアを生み、一九世紀のクックブックにも登場していた。一六二一年の宴会の席で出されたカボチャ料理はシチュウに近かったようだが、アップルパイの代用品というべきパンプキンパイは、カボチャ創作料理文化の原点と考えられたのだ。

感謝祭のメニューは、アメリカの食文化の原点が一七世紀のヨーロッパではなじみのなかった食材にあること、そして、それをいわば代用品として編み出された料理こそ、アメリカ食文化の原点だという発想を体現しているといえる。それは、先住インディアンの料理の純然たるコピーでもなければ、伝統的なイギリス料理でもないという意味で、混血的な創作料理というべき存在だ。実際、豆をスープに入れるなど、先住インディアンの食材を西洋的な料理法と組み合わせることで生まれた創作料理は他にもある。

今日、感謝祭という行事は、苦難を乗り越えてアメリカへの足場を築いた祖先をしのぶという意味合いが強い。しかし、こうした料理は、「先住インディアンの食の伝統が白人を救ったのであり、両方の食文化が混ざり合ってアメリカ的な食文化の原点が形成された」という、普段はあまり意識されることのない記憶を蘇らせる。実際、代用品を駆使した混血料理／創作料理の誕生は、アメリカの他の地域でも見られたのだ。

西インド諸島型経済体制の食糧事情

アメリカ南部でも同様に先住インディアンと白人との接触があったが、加えて白人たちは黒人奴隷とも接触することになった。しかし、これら三者の出会いは、アメリカ南部が最初ではなく、西インド諸島においてすでに見られた。実際、アメリカ南部に発達していくプランテーションの世界は、西インド諸島型経済体制に重要な起源を持つ。

西インド諸島でヨーロッパ列強は、先住民を駆逐しながら、アフリカから連れてきた黒人奴隷を使った大規模なプランテーションを建設し、換金作物を栽培した。サトウキビである。当時砂糖は貴重だったので、高い利益が見込めた。それゆえ、白人入植者たちは、収益を上げるためにプランテーションの敷地のほぼすべてをサトウキビの単一栽培に当てた。しかし、これは、ある深刻な問題をもたらした。それは、いかに日々の食糧を調達するかであった。

西インド諸島の島々は、そう広くない。耕作に適した土地がプランテーションに取られてしまうと、日常の食べ物を栽培するスペースがなくなってしまう。もっとも、西インド諸島のプランテーション経営者の中には不在地主も多く、白人が大挙して入植していたわけでは必ずしもなかったので、白人が必要とした食糧の絶対量は決して多くはなかった。とはいえ、スペースが少なく、入植した人数も限られていて、しかも投機的な移民は必ずしも農民出身ではなかったという事情を考慮すると、白人が自給自足的に食糧をまかなうのは無理であった。西インド諸島型経済体制下では、白人は支配者でありながら、食事の面においては非常に弱い立場に置かれていたのである。

料理人となった黒人奴隷

仕方なく白人たちは、農業の技術を持つ黒人奴隷たちに小規模な農業用地を与え、労働時間外に作物の栽培を認めることにした。しかし、絶対的な土地の狭さから、それだけでは食糧は足りず、黒人奴隷たちは、元から島に住み着いていた先住インディアンから水産資源の獲得技術を教わり、食糧の足しにした。白人たちは、黒人奴隷たちが手に入れた作物や魚を当てにするようになり、奴隷たちは、主人のためにこれらの食材を使って料理を提供した。その結果、西インド諸島型経済体制下では、現地の食材を黒人たちの感覚（すなわちアフリカ的感覚）で調理したものを黙って白人は日常的に受け入れるという図式が成立した。

最も典型的な料理は、煮込んだ豆をご飯にかける、ピーアンドライスであった。これは、今日でも代表的なカリブ料理だ。黒人たちはアフリカで米を作っていた経験があり、彼らとともにに西インド諸島には米作がもたらされていた。そこへ先住インディアンたちが精通していた地元の豆を取り入れて合体させたのだ。水産物などを加えればさらに豪華な食事になった。こうしたカリブ料理も、混血／創作料理であった。そして、それは、プランテーションの世界が広がっていく段階で、アメリカ南部にも持ち込まれていった。

カリブ海からアメリカ南部へ

西インド諸島型サトウキビプランテーションのアメリカ南部における最初の中心地となったのは、サウスカロライナであった（ヴァージニアにもプランテーションが発達したが、それはタバコプランテーションで、サトウキビを育てられる気候ではなかった）。

ところが、サウスカロライナの気候は熱帯に近かったものの、湿地帯が多く、サトウキビ栽培にはあまり適していなかった。黒人奴隷たちは、アフリカでの経験から、こうした地形なら米を育てたほうが合理的だとわかっていた。そこで、サトウキビプランテーションが次第に行き詰まると、湿地帯で何を作ったらよいか知識のなかった白人たちは、思い切って黒人奴隷たちに本格的な米作りをさせてみることにした。こうして一七世紀後半から一八世紀前半には、サウスカロライナからジョージアにかけてのローカントリーと呼ばれる南部大西洋沿岸のプランテーションは、次第にライスプランテーションへと転換していく。

米は白人にとってはなじみの薄い穀物ではあったが、米作りは白人入植者たちにとっても意外とメリットがあった。まず、米は腐りにくく、輸出に適していたし、ヨーロッパでの需要は高くなくても、近接した中東・西アジア地域では大量に消費されていたから、売れる可能性はあった。また、砂糖のような当時のぜいたく品ではなく、主食となりうる穀物をプランテーションで栽培できれば、いざという時、自分たちの食糧確保にもつながる。

こうして食糧事情が不安定だった植民地時代初期のローカントリーでは、今からは想像しにくいかもしれないが、黒人奴隷たちが米を作り、白人たちも黒人奴隷が作る米を使った料理を日常的に食べていた。代表的なのがホッピン・ジョンと呼ばれる料理である。西インド諸島風のピーアンドライスにありあわせの材料を加えたものだが、ジョンという名の片足の奴隷が作ったのがおいしかったために評判になり、この名がついたという説がある。現在でも、ルイジアナ州など南部には米作地帯が見られる。

西インド諸島型経済体制が移植された地域では、当初やはり黒人奴隷たちが食の提供者となった。つまり、アメリカ南部の食文化もまた、西インド諸島の場合と同じく、先住インディアンから黒人奴隷が教わって入手できた現地の食材を、アフリカ的な料理法やアフリカにいた時から黒人たちが精通していた食材と組み合わせる形で形成されたのである。そして、こうした混血／創作料理を、黒人たちはもとより白人たちも食べていたのだ（ただし、タバコプランテーションが発達していったノースカロライナ以北の南部では、苛酷な奴隷労働ゆえに、黒人奴隷が食の一切を仕切ることはできなかった）。

以上のように、植民地時代の初期においては、白人入植者たちは、北東部では先住インディアンの食文化を積極的に取り入れ、一方、南部では、先住インディアンと黒人奴隷の食文化が融合したものを受け入れていた。そして、このようにアメリカの食文化が先住インディアンや西インド諸島経由で黒人の食文化を組み込む形で出発した痕跡は、今日アメリカで日常的に食べられているものの中にも見ることができる。

国民的スナックへと変身したポップコーン

アメリカでは、映画館やスポーツ観戦などの折にポップコーンをつまむ人が多い。電子レンジで簡単に作れるポップコーンもスーパーで売っており、アメリカのスナックの代表的存在となっている。しかし、実は、トウモロコシが先住インディアンの主食であった事実からもわかるように、これも元をたどれば先住インディアンにたどり着く。

トウモロコシの中には、外側が硬くて、生で食べたり、簡単にはすりつぶせないものがある。そのようなものを食べるには、加熱すればよいことを先住インディアンは知っていた。加熱すると中の水分が膨張して外側の硬い部分をふきとばし、粒もろとも飛び散るのだ。

ポップコーンがポピュラーになったのは、一九世紀半ばであった。この頃になると中西部の開拓が進み、白人自らが大規模なトウモロコシ畑を作るようになり、トウモロコシの有効な調理法の一つとして注目された。しかも、飛び散る様子が人々の関心を引き、見世物としても成

ポップコーンワゴン（著者撮影。以下断りのないものは著者による）　ポップコーンメーカーのワイアンドットの本社があるオハイオ州マリオンの歴史協会の博物館には、数々のアンティークなポップコーンワゴンが展示されている

り立つようになっていく。

実際、一九世紀後半になると、人通りの多い場所や、様々なイベント会場にポップコーンワゴンという移動式の機械が登場するようになり、手軽なスナック兼見世物として定着していく。こうして、先住インディアン由来の食べ物は、国民的スナックへと変貌を遂げた。先住インディアンの知恵は、アメリカの食の伝統に脈々と生き続けているのである。

バーベキューとフライドチキン

一方、西インド諸島の食文化や黒人たちがアフリカから持ち込んだ知恵も、アメリカの家庭料理に生き続けている。

アメリカ南部の食文化に黒人奴隷が重要な役割を果たしたことは、すでに述べた通りだが、一九世紀に入って経済が安定すると、次第に南部の白人の支配階級の食べ物と黒人奴隷の食べ物との間には差ができてくる。すなわち、白人の支配階級は、牛や豚などの良質な部位を奴隷たちに調理させるようになるのに対し、奴隷たちは家畜用の牛や豚にはめったにありつけず、残った部位か、他の食材で調理するようになっていったのだ。また、南部はピラミッド社会で、一握りのプランター（プランテーション経営者）を除けば貧しい白人も多く、そうした人々の食糧事情は必ずしもよくなかった。それゆえ、南部の貧しい白人や黒人奴隷たちは、限られた食材から共通の食文化を育んでいくことになる。その際に重要な役割を果たしたのが、やはり西インド諸島の食文化と黒人奴隷たちがアフリカから持ち込んだ伝統だった。

タイノ族のバルバコア　ジョージア州のアトランタ歴史センターで開催された「バーベキュー・ネイション」と題した特別展で展示されていた、タイノ族のバルバコアの復元モデル

南部の貧しい白人や黒人奴隷たちにとって重要な蛋白源の一つとなったのは、野生の豚であった。これを捕まえて焼いたのである。その時用いられたのが、ヨーロッパとは違う焼き方だった。それがバーベキューである。

調理法ないし料理名としてのバーベキューという語彙は、一八世紀初頭の英語に登場するようになるが、語源は西インド諸島のタイノ族という先住民の言葉で、焼くための設備をさす言葉「バルバコア」にあるらしい。タイノインディアンたちは、地面に穴を掘って炭を置き、その上に肉を乗せる台を設置して、低温で半日以上かけて肉をやわらかくする焼き方を知っていた。西洋の肉の焼き方が至近距離の直火で短時間に強く焼くのが一般的だったのに対して、バーベキューは低温の炭火を離れた場所に置き、その煙でいぶすようにしながら長時間焼くものであり、肉がその分やわらかくなる。だが、大掛かりな野外設備を必要とする長時間の重労働だったため、当初アメリカでこれを担っていた中心は黒人奴隷であった。黒人奴隷たちは、西インド諸島で先住インディアンたちと接触した際にこの技術を身に着け、南部へと持ち込んだと考えられる。

実際、一九世紀後半まで、バーベキューは奴隷制南部の料理としての色彩が濃かった。現に南部では、高級食材にありつけなかった貧しい白人たちにもこれは普及した。そして、西部開拓とともにアメリカ各地に広まり、様々な木材を用いた独自の焼き方や、多様なフレーバーのソースが地域ごとに登場するようになる。しかも、バーベキューは時間がかかるし、人数が必要なので、次第に一種の野外パーティのような社交的集まりともなっていった。現在ではガスグリルを用いるのが一般的とはいえ、バーベキューといえば、今でもアメリカ人の典型的な団らんや社交の場である。

また、南部の家庭料理の代表格で今や全国区の人気を誇るフライドチキンも、起源をたどると、異種混交的な成り立ちにたどり着く。家畜用の牛はまず食べられなかった黒人奴隷たちも、鶏は入手可能だった。西アフリカでは、実は鶏料理で客をもてなすという習慣があり、これはご馳走だった。そこで、黒人奴隷たちは、蛋白源を補うもう一つの手段として積極的に鶏肉を活用した。現にアメリカの黒人社会では、フライドチキンはご馳走として（教会に行った後の）日曜日に食べるという習慣がその後定着した。今でこそ、ファーストフードとなったフライドチキンは、元来は特別なメニューだったのだ。

ところが、西アフリカの鶏料理と南部のフライドチキンには、重要な共通点と相違点がある。両者とも共通しているのは、スパイスをふんだんに用いて味付けする点だが（南部ケンタッキー州をルーツとするケンタッキーフライドチキンのフライドチキンも秘伝のスパイスが味の決め手である）、西アフリカの鶏料理は煮込み系が中心で、油で揚げるものではなかった。実は、バターで鶏肉を揚げる料理はスコットランドにあり、そこから南部に入植した移民の知恵ではないかと考えられている。ただし、スコットランドのフライドチキンはスパイスで味付けをしないので、南部のフライドチキンとは異なる。

つまり、南部のフライドチキンは、スパイスによる味付けを黒人奴隷から、揚げるという料理法を白人から受け継いで、両者のいわば混血料理として誕

バーベキュー料理　ポークのスペアリブが南部のバーベキュー料理の定番。付け合わせは、コールスローとベイクドビーンズ（豆の煮込みでやや甘めの味付け）が多い

生した可能性が高い。南部への移住者には、イギリスの貧しい地方出身者が少なくない。そうした白人の貧困層と同様に高級食材にありつけなかった黒人奴隷の食文化が融合した可能性は、十分考えられるのだ。また、プランテーションのキッチンを任されていた黒人奴隷たちが、白人支配層のためのヨーロッパ風の鶏料理を作る中で、フリカッセのように炒めてホワイトソースで煮込む料理法をヒントにした可能性もある。現に、今では少数派になったとはいえ、フライドチキンにグレイビーソースをかけるという食べ方が、黒人社会では見られる。いずれにせよ南部風フライドチキンは、いわば白人と黒人の双方の知恵が結合して誕生したのであり、実際、次第にそれは貧しい白人たちにも普及して、南部の代表的な家庭料理となった。

このように、アメリカを代表するスナックや料理というべき、ポップコーン、バーベキュー、フライドチキンといったものは、いずれも非西洋の遺産に多くを負っている。と同時に、これらは白人と先住インディアンと黒人とが北アメリカの地で出会い、食生活を豊かにするために編み出された知恵の結晶ともいえる。アメリカは南北戦争を経ても人種差別を解決できず、二〇世紀になっても人種隔離社会がまかり通ってきた。こうした負の歴史は、いまだに払拭されてはいない。だが、アメリカ食文化の基層には、実際にはこの国が混血的創造力を発揮しながら出発したことが刻印されているのである。

ソウルフードの横断的性格

このように考えてみると、いわゆるソウルフードとアメリカで呼ばれる食べ物も、新たな視点から捉え直すことができるだろう。

アメリカでソウルフードというと、狭義には黒人の家庭料理を指し、バーベキューやフライドチキンも含まれる。しかし、ソウルフードの起源を遡れば、奴隷制南部の黒人たちの食文化、さらには、西インド諸島で黒人奴隷たちが先住インディアンの知恵とアフリカ伝来の食文化を融合させていた歴史にたどり着く。また、奴隷制南部では、多くの貧しい白人たちの食糧事情は黒人奴隷と大差なく、奴隷制南部における食糧供給の中心的存在だった黒人たちの食の伝統は、人種を超えた広がりを持っていた。

つまり、ソウルフードとは、どれか一つの集団が独占的著作権を主張できるような発明品ではなく、それ自体が混血料理であると同時に、人種を超えた南部料理というべき性格を強く持った存在とみなすべきなのだ。そして、バーベキューやフライドチキンといったその中の代表的レシピが国民的料理へと発展している事実は、黒人料理、南部料理、アメリカ料理といったものの境界線が実際にはそれほど明確なわけではないことをも暗示する。

異種混交的に食文化が生み出され、それが集団間の垣根を越境して渾然一体となって広まり、しかも、それには非西洋的食の伝統が重要な役割を果たしていた――アメリカの食文化の原風景からは、このようなメカニズムを読み取ることができる。そこには、アメリカがいかに非西洋の伝統に依存し、それを国民的文化へと組み込んできたのかという、忘れ去られた記憶が刻まれているのである。

2　パンプキンパイの兄弟——創作される混血地方料理

植民地建設競争への列強の参入

植民地時代から建国初期の食文化には、先住インディアンと黒人を代表とする非西洋の伝統が色濃く影を落とし、人種的多様性を反映していた。だが、食が持っていた多様性は、決して人種面に限られたものではなかった。それは、北東部のピューリタンに遡る代用品創作料理と南部のプランテーションの世界に広まっていた料理とがかなり異なっていたことにも表れているように、地域的多様性をかなり持っていた。そうした食が体現していた地域差は、アメリカという国の成立事情のいかなる側面を表していたのだろうか。

植民地時代のアメリカにおいて地域的多様性が強化されていた重要な原因は、地域によってヨーロッパのどの国が強い影響力を持ったのかが違っていたためであった。確かに一七世紀後半には、大西洋沿岸の植民地は一応イギリス領になっていた。しかし、当時北アメリカ大陸には、スペインやフランスも進出していた。

スペインは現在のメキシコを拠点として、北アメリカへの影響力の拡大を図っていた。そして、フロリダ半島を支配下に置き、現在のカリフォルニアからテキサスにかけてのアメリカ南西部に影響力を広げていた。また、フランスは、現在のカナダ東部からセントローレンス川、さらにはミシシッピー川流域へと勢力を伸ばし、北アメリカ大陸中央部に影響力を持っていた。つまり、後にアメリカ合衆国となった領土とはいえ、一八世紀の段階では、北アメリカの南西部から中央部にかけてはスペインやフランスが深く食いこんでいたのであり、イギリスが実効支配していたのは、大西洋沿岸に限定されていた。

したがって、一八世紀の北アメリカでは、すでに相当程度、風土の差が形成されていたと見ることができる。イギリス、スペイン、フランスというヨーロッパ内部の多様性が、北アメリカ内部に新たな風土の差を形作っていたのだ。

イギリス植民地の多様性と非イギリス的要素

加えて注目されるのは、イギリスの植民地の間でも風土の差が著しかった点である。このことは、宗教移民であるピューリタンが建設した北東部の植民地と投機的な移民が作り上げた南部の奴隷制プランテーションの世界との違いに端的に表れているわけだが、イギリス植民地の持つ多様性は、実はこうした北部と南部の差以外にも見られた。特に重要なのは、イギリスの植民地の中には、非イギリス系のヨーロッパ人が多数入植した植民地が存在したという点だ。

その典型的な例が、ペンシルヴァニア植民地である。

ペンシルヴァニアは、北東部と南部の間の中部大西洋地域に位置し、クエーカーという宗教集団によって基礎が築かれた。クエーカー教徒は、ピューリタン同様にイギリスで迫害を受けたプロテスタントの宗派で、既存の宗教的権威よりも個人の信仰心や宗教的自由を重んじる特徴がある。それゆえ、クエーカーは、比較的他の宗派に対して寛容で、博愛主義の傾向が強い。ペンシルヴァニア植民地の中心都市として建設されたフィラデルフィアは、ギリシア語の「兄弟愛」という言葉に由来する。

それゆえ、クエーカーの作ったペンシルヴァニア植民地には、イギリス以外からもヨーロッパからの宗教難民が新天地を求めてやってくるようになる。同じ宗教移民でもピューリタンが閉鎖的だったのとは対照的である。そして、ペンシルヴァニアに新たな拠点を築いた代表的な宗教集団が、ペンシルヴァニア・ダッチと呼ばれる、アーミッシュやメノナイトなどの、ドイツを中心とするプロテスタント集団であった。

現にペンシルヴァニア植民地では、ドイツ系の住民の比率がかなり高かった。こうした人々は、フィラデルフィア西方の農村地帯に拠点を作り、ドイツの伝統が色濃く残る自給自足的な宗教共同体を形成していく。その結果、イギリスの植民地でありながら、ペンシルヴァニア植民地の中にはドイツの伝統を反映した地域がパッチワーク状に出来上がり、現在でもその痕跡が残っている。

文化融合の組み合わせの帰結としての地域的多様性

このように一七世紀後半から一八世紀前半の段階では、北アメリカにはイギリスのみならず、スペインやフランスの影響力が強く及んでいただけでなく、イギリス植民地にもドイツなど非イギリス的要素がかなり混入していた。北アメリカには、ヨーロッパ世界内部の多様性が相当程度持ち込まれていたのだ。その結果、文化融合の組み合わせは、白人と先住インディアンとか、白人と黒人というような単純なものではなかった。スペイン系住民と先住インディアンとか、フランス系住民と黒人奴隷といった具合に、バラエティに富んでいたのだ。

しかも、当時の植民地は、植民地ごとの独立性が高く、全体を一つに束ねたアメリカというアイデンティティは未発達であった。それゆえ、独立革命以前の段階では、特定の集団の組み合わせから成る文化融合がかなり限定された地域で起こり、結果的にそれがその地域の独自性を形成していくというパターンが出現したのである。

このことは、アメリカ合衆国の建国以前から各地で独自のローカルフードが同時多発的に開花しつつあったという事実に如実に反映されている。そこで次に、どの地域にいかなる特色を持った食文化が出現していったのか、パンプキンパイの兄弟というべき創作／混血地方料理の数々を見てみよう。

ルイジアナのクレオールとケイジャン

植民地時代の南部においては、白人が進出していた地域は大西洋岸やメキシコ湾沿岸の一部にとどまっており、そこはプランテーションの世界となっていた。ところが、ごく一部の地域では、例外的に都市が発達した。それは、ミシシッピー川の河口近くにフランスが一七一八年に築いた港町、ニューオーリンズである。フランス領ルイジアナ植民地最大の都市ニューオーリンズは、ミシシッピー川の水運によって大陸中央部へと物資を輸送する交通の要衝で、貿易船が行き交う国際商業都市であった。そこではヨーロッパ、西インド諸島、南北アメリカの各地から人々が流入し、クレオールと呼ばれる混血人口が増えていった。典型的なのは、フランス系と黒人との混血だ。

文化人類学では、植民地化の過程で西洋人と非西洋人との接触によって登場した混血文化現象をクレオールと呼ぶ。クレオールは、混血言語や混血の食文化、混血人などを広く含むことのできる概念だが、アメリカの文脈でクレオールというと、ルイジアナの混血人や混血文化を指す固有名詞として使われることが多い。実はクレオールという名称は、元来は本国出身者に対する植民地出身のヨーロッパ人という意味合いが強かったのだが、結果的にその種の人々は非西洋人との混交の運命を免れることはできず、クレオールは実質的には混血人化していったのだ。本書でもこうした点に留意しつつ、「西洋と非西洋の混血的な」という意味で「クレオール的」という言葉を用いる。

次第にこのクレオールたちは、ニューオーリンズの中心勢力となり、食文化においても、フランスというヨーロッパの要素と、黒人たちがすでに獲得していた、先住インディアンとアフリカ的要素の混合した西インド諸島型食文化を融合させていく。純血志向の強かったプランテーションの白人支配層とは異なり、ニューオーリンズのクレオールたちは、基本的に奴隷を持たない都市生活者であり、混血人としての自分たちが受け継いでいるフランスとアフリカ／西インド諸島両方の食の伝統を組み合わせたものを自然に編み出していった。その結果出来上がったのが、クレオール料理と呼ばれる独特の食文化である。

クレオール料理の代表例は、ガンボーと呼ばれる雑炊のようなスープだ（口絵参照）。米や海産物、肉やソーセージ、トマトやタマネギなどの野菜や豆など、具やスパイスの種類に厳密な決まりはなく、あり合わせで作る料理なのだが、オクラでとろみをつけることが多い。ガンボーは、アフリカのアンゴラの言葉でオクラを意味する語が起源だという説もあるくらいだ。オクラはアフリカ原産で、黒人たちがアフリカから持ち込んだ食材であった。

米とオクラが使われる点では、ガンボーは非常にアフリカ的である一方、トマトやスパイスなどは、先住インディアンの食文化の影響がある。オクラの代わりに、先住インディアンのスパイスを用いてとろみをつける方法もある。だが、スープを作るためのルウを用意する点は、明らかにフランス料理の影響があり、海産物を加えることでブイヤベースに似た魚介シチュウのような仕上がりになっている点も同様だ（フランスのルウはタマネギ、セロリ、ニンジンから作るのが一般的だったが、ニンジンが取れなかったルイジアナでは、ピーマンで代用していた）。つまり、アフリカ、先住インディアン、フランスの食文化がすべて融合した混血創作料理なのである。ジャネット・クラークソンによれば、一八〇三年にルイジアナがフランスから合衆国に譲渡された際にニューオーリンズで開かれた祝宴には、二四種類ものガンボーが出されていたという。

クレオール料理のもう一つの代表例は、ジャンバラヤだ。トマト味のスパイシーなピラフで、具材はガンボー同様、特に決まりがあるわけではない。ニューオーリンズは一八世紀後半の一時期スペインの支配下となるのだが、ジャンバラヤは、サフランに代わって先住インディアン由来のトマトとスパイスを用いた、スペイン料理のパエリアの代用品であった。クレオールたちは、スペインの食文化を利用した混血創作料理も編み出したのである。

また、一七六三年にフレンチ・インディアン戦争でフランスがイギリスに敗北した結果、カナダ東部のアーケイディア地方に入植していたフランス系住民の一部は、フランス系住民の勢力が強かったルイジアナ植民地に逃れた。しかし彼らは、ニューオーリンズの都会生活になじめず、ルイジアナ西部の未開拓地域へと移住していった。彼らは、ニューオーリンズのクレオール料理をベースに、先住インディアンのスパイスや水産資源をより大胆に取り入れた、ケイジャンと呼ばれる料理を編み出していった。大雑把にいえば、クレオール料理をより田舎風でスパイシーにした感じだ。

こうしてフランス領ルイジアナには、クレオールとケイジャンという、独特の食文化が発達していく。これらは、非西洋と西洋の伝統が融合して地域限定的に独自の食文化が生み出された顕著な例といえる。

テキサスのチリコンカルネ

一方、南西部では、一七世紀の段階ではイギリス系の人々の姿はほとんどなく、当時この地域に進出していたヨーロッパ人はスペイン人だった。また、黒人奴隷も流入していなかったので、南西部における食文化の融合は、土着の先住インディアンとスペイン人との間で始まった。

スペイン人は、メキシコを支配する過程で、先住民との間でかなり混血が進んでいた。食文化の面でも、メキシコ料理は、純粋な先住インディアンの料理でもなければ、純粋なスペイン料理ともいえない、独特な混血料理というべき存在である。

メキシコ料理に欠かせないのは、トウモロコシを挽いて粉状にしたものに水を加え、これて円盤状の形に焼いたトルティーヤだ。これに具を挟んだタコスや、トウガラシやトマトをベースにしたサルサというソース、煮豆などがメキシコ料理の定番だ。これらは先住インディアンの食の伝統に負う部分が大きいが、メキシコ料理ではチーズや米もよく使われており、これらはむしろスペイン人の食材である。先住インディアンは、牧畜への依存度が低く、エンチラーダのようなチーズをふんだんに使うメキシコ料理はまさに混血料理というべき存在だ。また、スペインはアラブ世界の侵入を経験しており、古くから米を料理に使ってきた。メキシコ料理の付け合わせの定番は、豆と米なのだが、このこと自体、先住インディアンの食文化とスペイン料理の両方との関連性が認められる。

このようにメキシコ料理自体が混血料理として発展したわけだが、メキシコの北側に隣接するテキサスに入植したスペイン人がこの地に広めていったのも、こうした混血料理であった。南西部のテキサスは、後にアメリカの領土になるが、そこに持ち込まれていたのは、純粋なスペイン料理というよりは基本的にはメキシコ料理だったのである。それゆえこの地域の料理は、テックス・メックスとも呼ばれ、トウガラシを使った辛い料理が多い。

ところが、ここで興味深いのは、テキサスでは新たな創作料理が登場し、メキシコとは一線を画す食文化も形成されつつあったという点だ。本家のメキシコ料理にはない、メキシコ料理もどきというべきものが発明されたのだ。それが、チリコンカルネである。

一七一八年に建設されたテキサスの拠点都市サンアントニオでは、労働力不足を補うため、スペインはアフリカ沖の大西洋のカナリア諸島に入植していたスペイン人を一七三一年に移住させた。カナリア諸島からの女性たちは、野外でシチュウを作り、パーティ感覚で振舞っていた。その後一九世紀になると、チリ・クイーンと呼ばれる女性たちが広場などの屋外で、トウガラシのスープで牛肉の塊を煮込んだチリコンカルネという料理を提供していた記録や写真が残っている。それは、トウガラシを使う点ではメキシコ料理のように見えるが、本家のメキシコ料理の伝統的なレパートリーには、これに相当するスープ料理はない。メキシコ料理店でも、チリコンカルネはメニューにないのが普通である。

実はチリコンカルネの原型となる野外料理は、カナリア諸島からの女性たちが屋外で作っていたシチュウの可能性が高い。サンアントニオのカサ・リオというレストランに継承されているチリ・クイーンたちのレシピ（今でも実際に食べられる）では、クミンというスパイスを用いるが、これはアフリカ原産で、カナリア諸島では定番の香辛料であった。つまり、チリコンカルネの正体は、メキシコでの生活経験のほとんどないカナリア諸島からの入植者たちのレシピをメキシコ風にアレンジしたことに端を発する、いわば創作メキシコ料理だと考えられるのだ。

エンチラーダ　トルティーヤにグリルした具を詰め、春巻のように包み、ソースをかけたもの。具はチーズや鶏肉がよく使われ、ソースは赤や緑のチリソース、モーレという褐色系のソースが多い。写真のソースはハバネロがベース。メキシコ料理の付け合わせは、豆の煮込みやそれをペースト状にしたものと、チキンライスのような色のトマト味のライスが定番

こうしてテキサスは、二重の意味で混血料理／創作料理の地となった。この地に持ち込まれたメキシコ料理自体が混血料理だっただけでなく、それをさらに独自にアレンジした創作料理がそこに加わったのだ。次章で触れるが、その後チリコンカルネは、単にチリと呼ばれるようになり、アメリカの食文化の発展にさらに意外な形で関わることになる。

ここで興味深いのは、テキサスはルイジアナの隣の州だという点だ。隣同士なのに、片やスペイン（メキシコ）、片やフランスの食文化が大きな影響を与え、まったく異なるローカルフードが発達しているのである。これも地域限定的に特定の文化融合の組み合わせが起こったことの典型的な事例といえよう。

ペンシルヴァニア・ダッチの食文化

次に、中部大西洋岸に目を転じると、ペンシルヴァニアに顕著に見られるように、ドイツなどからの宗教移民が自給自足的共同体をあちこちで形成していた。彼らの主食は、小麦から作ったパンであった。南部が米、南西部がトウモロコシを軸にした食文化だったとすれば、中部大西洋岸は小麦文化圏だった。寒冷なこの地域では、ヨーロッパでも彼らの食を支えていた小麦の栽培が成功し、食糧事情が安定していた。しかしその分、食文化も保守的なところがあり、ヨーロッパの食習慣に近い状態を維持しようとする発想が強かった。

例えば、中世のドイツでは、甘いものを七種類、すっぱいものを七種類、合計一四種類の料理を食卓にそろえるのが理想とされていたが、中部大西洋岸に入植したペンシルヴァニア・ダッチの人々も、こうした食習慣の伝統を引き継いだ。その結果、ピクルスやザワークラウトのような酢漬けや、パイやプレッツェルなどのお菓子類の製造が盛んになった。また、ドイツ風のソーセージの生産も盛んになる。

南部や南西部の料理が、スパイスやトウガラシをよく使うのに比べると、中部大西洋岸は、甘いものやすっぱいものが軸になっている点で食習慣がかなり違うと同時に、フランスやスペインではなくドイツの食習慣の影響が強く表れていたといえる。

ニューイングランドのクラムチャウダー

最後に北東部だが、実は、他の地域に比べると、一七世紀の段階では、この地域が最もイギリス系の人々の割合が高い地域であった。しかもその中には、勤勉、倹約、質素を重んじるピューリタンがいた。そのため、ニューイングランド地方は、他の地域に比べると、派手な食文化はあまり発展せず、地味なままであった。加えて、イギリス式の食生活への回帰願望が強く、比較的短期間に植民地が軌道に乗ったこともあって、この地域の食生活は次第に先住インディアンの影響を脱していった。

しかし、彼らの食卓にイギリス料理が上っていたわけでもない。北東部の寒冷な気候に合う作物を先住インディアンに教わらなければならなかった彼らは、そうした代用品で食卓をまかなっていた。また、北東部の人々は、水産資源にも恵まれていたので、積極的にそれを消費した。水産資源の活用という点では南部も積極的だったが、出来上がった料理は南部とはかなり違う。それは、ガンボーとクラムチャウダーを比べてみればわかる。

クレオール料理の代表格であるガンボーは、魚介類を入れることが多いが、アフリカ原産のオクラでとろみをつける。それに対して、北東部の人々は、あさりを使ったクラムチャウダーというスープを作り出したが、それには必ずといってよいほど、アメリカ大陸原産で寒い地方に適した作物であるジャガイモを入れる。スープといっても、魚介とオクラ、あさりとジャガイモという組み合わせの違いが歴然としているのである。

このように植民地時代には、非西洋の要素と西洋のどの地域の要素が強く混じり合ったかによって地方ごとに食文化に大きな違いが見られた。各地で土着の要素と外部の要素から混血的に創作された食べ物は、国際的地方料理というべき存在であった。いわば、パンプキンパイの兄弟たちが、ルイジアナのクレオール料理を筆頭にアメリカ各地で誕生していたのだ。

そして、植民地ごとの独立性が高く、フランスやスペインの領土にはイギリスの支配が及んでいなかったこともあり、こうした食の風土は一八世紀いっぱい続き、一九世紀前半にも引き継がれた。当時の北アメリカ大陸では、トウモロコシ文化圏、米（コメ）文化圏、小麦文化圏が入り乱れるという、世界史的にも恐らく非常に珍しい光景が見られたのだ。植民地時代にこのように地域ごとに独自の食文化が芽生えていたという事実は、ファーストフードに象徴されるような、今日の画一化されたアメリカの食習慣からは想像しにくいかもしれない。しかし、この時に開花した文化的多様性と地域的多様性は、現在でも決して完全には失われていない。それぞれの地域に行けばこれらは郷土料理として残っているし、中には全米的な国民食へとのし上がっていったものもある。

とすれば、この時代に形成された食における西洋と非西洋との間の様々な形の文化融合や地域的特性は、アメリカという国の成立期の記憶を今に伝えているものであり、この国の原点には何が埋め込まれているのかをあらためて問い直すヒントがそこには隠されている。そこで次に、こうした植民地時代の食が体現していた文化融合や地域的多様性は、この国がいかなる土壌の上に生まれてきたことを物語っているのか、考えてみたい。

ナショナルに先行するローカル／インターナショナル

植民地時代の段階では、全国共通とよべるような食習慣は確立されていなかったといえる。このことは、植民地ごとの独立性が高く、共通のアイデンティティが未発達であったという独立革命前夜の状況とも符合する。しかし、ここで食からわかることとして見落とせないのは、アメリカには、極めてローカルな食習慣が並存していただけでなく、それらは、その土地元来の土着的な食というよりは、様々な集団によって外部の土地からもたらされた要素が土着的なものと融合した結果だという点だ。その意味では、ローカルでありながらインターナショナルな料理だったのである。

こうした土着性と国際性の融合というべき傾向は、食以外の現象からは見えにくい。各植民地が独自のアイデンティティを持ち、共通のアイデンティティが十分育っていなかったという状況は、植民地ごとに完結した世界を連想させるが、食が示していたのは、地域の独自性が国際性によって強化されていたという奇妙な構図である。そして、そうした国際性を伴った地域的多様性が、ナショナルなものに先行するという特徴こそ、アメリカという国の出発点に埋め込まれていたものだった。この国は、ローカルとインターナショナルがナショナルなものを飛び越えて結びつくような回路を根底に宿す形で出発したのである。

外部の恩恵を土着化していく創造力

こうした視点は、この国にはびこってきた排外主義についてあらためて考え直すヒントを与えてくれる。植民地時代の政治的立場の違いは、その後奴隷制度の是非をめぐって顕在化し、最終的には南北戦争へと発展した。その際、南部側が自らを正当化するために持ち出した論法が、州権論だった。すなわち、アメリカは、連邦政府の登場以前に州の骨格が整っていたのであり、奴隷制度を合法化していた州の内政に関しては連邦政府は介入できない、という論理である。

アメリカではナショナルなものよりも前にローカルなものが構築されていたという点では、州権論の認識は正しいといえる。しかし州権論は、地域の独自性の維持のためには外部からの干渉を排除せねばならないと考えている点で無理がある。なぜなら、植民地時代の食は、地域の特性がむしろ国際的な人の流れやネットワークの所産だという事実を体現しているからだ。外部との接触や交流なしに、アメリカの地域的独自性は成立しえなかったことを、植民地時代のアメリカの食は物語っているのだ。

むしろ、植民地時代の食が記憶として伝えているのは、ローカルなものとインターナショナルなものは決して相容れないわけではなく、両者はグローカルに融合しうるという点だ。ローカルなものが常にインターナショナルに対して開かれ、逆に、インターナショナルなものがローカルにしみ込んでいくようなしなやかな構造、これこそ、アメリカが植民地時代に獲得していた貴重な財産なのではないだろうか。その意味では、外部に対して門戸を閉ざすような偏狭な州権論は、むしろ非アメリカ的だとすらいえよう。

ローカルがナショナルに先行していたという点ばかりに目を奪われると、州権論のような偏狭な排外主義に陥りやすい。しかし、アメリカの食文化の成り立ちからは、この国は、そうした排外主義とは異質の、むしろローカルとインターナショナルを直結するようなイマジネーションを培いながら出発した様子が見えてくる。外部との開かれたチャンネルを維持しつつ、様々な外部の恩恵を土着化していく創造力とともにこの国は誕生したのだ。

3　飲み物の恨みは恐ろしい？――独立革命の食文化史

解放と模倣――イギリス植民地の矛盾した心理

植民地時代の食文化に見られたアメリカの地域的多様性は、混血文化の所産であり、どこか特定の集団だけが独占的所有権を主張できるものでないばかりか、外部の他者の恩恵なしには成立しえなかったものであった。自国の成立過程における文化融合と他者との共存の重みこそ、アメリカの食に刻み込まれたものだった。

ローカルな国際食が各地で発達するという状況は植民地時代を通じて維持されていたが、独立革命の時期になると、ナショナルなものへの志向が次第に強まってくる。もっとも、独立革命は、政治面で形式上の独立は達成したものの、奴隷制度にメスを入れることはできず、独立後の国家体制や非白人の人権の保障という二大課題を先送りしていた。また、アメリカの文化的独立という側面についていえば、それは一九世紀前半のアメリカ文学やアメリカ美術の勃興を待たなければならなかった。

こうしたアメリカの政治的独立から文化的独立への流れを後押しする上で非常に重要な役割を果たしたと思われるのが、独立革命期を境に登場してきた食をめぐる変化である。独立革命期に人々の食に対する態度が変化した原因は、実は政治にあった。そして、結果的に人々が行った食をめぐる社会的選択が、後のアメリカにとって文化的に重要な意味を持ったと見ることができるのだ。政治的独立から文化的独立への流れを加速する立役者が食であったことを理解するためには、まず、独立革命前夜のイギリス植民地の人々の食に対する態度がどうであったのか、そして、独立革命の重要な発端が食品課税の強化にあった点に目を向ける必要がある。

本国から距離的に離れていた北アメリカ大西洋岸のイギリス植民地は、一八世紀半ばまで本国からの干渉はあまりなく、比較的自由を享受してきた。ところが、移民の第一世代から第二、第三世代へと移るにつれ、本国イギリスを知らない人々が人口の大半を占めるようになる。すると、絶対王政からの解放感もさることながら、文化的には植民地よりも明らかに洗練されていたイギリス本国の文化を模倣してみたいという衝動が、次第に植民地社会内部で大きくなってくる。つまり、政治的・経済的には本国から干渉されたくないものの、文化的には模倣したいという矛盾した心理がはたらくようになる。実際、一八世紀半ばになると空前のイギリスブームというべきものが北アメリカのイギリス植民地では起こる。

独立革命直前のイギリスブーム

イギリス植民地が、イギリス本国の文化に憧れを持ち、それを積極的に吸収しようとしていた様子は、様々な文化領域にその痕跡を見ることができる。

例えば建築では、ジョージアン（ジョージ朝様式）という同時代のイギリスの建築様式が盛んに模倣された。この様式は、ルネサンスの精神がイギリスにも及んだ結果、ギリシア・ローマの様式のリバイバルが起こり、生まれたものである。左右対称の幾何学的な要素が強いのが特徴で、一八世紀半ばに作られたアメリカの建物の多くは、これを取り入れている。

また、イギリスの生活習慣に関する様々なマニュアル本も輸入されるようになる。その中には、マナー本のほか、クックブックも含まれていた。食糧事情が安定してきたこともあり、植民地の人々は、食習慣においても見知らぬ本国に接近しようとしていた。

ところが、一七六三年にフレンチ・インディアン戦争が終結すると、状況は一変する。長きにわたる対仏戦争に勝利したイギリスは、ようやく北アメリカの植民地経営を軌道に乗せることができると考え、戦費の穴埋めに植民地から税を取り立てようとした。その時、狙い撃ちされたものの中に、食品が含まれていた。植民地のイギリス系の人々が本国の文化に憧れを感じ始め、その食習慣まで模倣しようとした時、逆に本国イギリスは植民地が本国から輸入する食品への課税強化を打ち出したわけである。

これまで比較的自由を享受してきた植民地にとって、これは本国からの不当な干渉であった。植民地は本国議会に代表を送れなかったにもかかわらず、戦費の穴埋めに協力させられることになったからだ。その結果、イギリス本国への政治的反発が強まったが、同時にそれは、人々が関心を持ち始めたイギリスの食習慣を断念するのかどうかという問題をもはらむことになる。つまり、こうした食品課税に抵抗するなら、本国からの食糧の供給が途絶え、イギリスの食習慣をまねる道は閉ざされる。一方、食品課税を受け入れるとすれば、本国による政治的・経済的干渉に歯止めがきかなくなる可能性もある。

その意味では、独立するか否かという政治的問題は、アメリカ人は何を食べるべきかという文化的な次元とも連動していた。独立革命は、実はアメリカの人々の食習慣のあり方を大きく揺さぶる出来事でもあったのだ。では、そこで人々はいかなる選択をしたのだろうか。

酒とグルメとタバーン

普通選挙法も女性参政権もなかった当時、植民地の政治を動かしていたのは財産を持つ有力者たちであった。フレンチ・インディアン戦争終結まで、イギリスはフランスとの長きにわたる戦争に明け暮れていたため、植民地経営に本腰を入れられず、植民地は、本国からの干渉をあまり受けずに、自治を享受できていた。そして、植民地の自治に重要な役割を果たしていたのが、タバーン（Tavern）と呼ばれる飲食施設だった。

タバーンは、一義的には酒場であったが、外食の習慣が確立されておらず、飲食施設の少なかった当時は、有数のレストランでもあった。他にもタバーンには、寄り合い所や宿泊所、カードゲームなどの娯楽施設としての機能があった。いわば、酒とグルメが両方楽しめる、その町きってのプレイスポットのような存在だったのだ。

当時は安全な飲料水が確保できておらず、アル

タバーン　植民地時代のタバーンの面影を今に伝える、フィラデルフィアのシティ・タバーン。植民地時代のレシピにヒントを得た様々な料理や当時よく飲まれた酒やカクテルを提供している

コール飲料が大量に消費されていた。当時の人々は、現代アメリカ人の二倍以上の量の酒を飲んでいたのだ。タバーンには地元の名士たちが食事や娯楽を求めて集まり、酒を酌み交わしながら政治談議に興じていた。彼らの政治意識は、酒とグルメとともにタバーンで醸成されていたといっても過言ではない。

食通だった独立革命の指導者たち

実際、独立革命を主導することになる名士たちの中には、酒と関わりの深い食通が少なくなかった。それは、有力な政治家の中に南部のプランテーション経営者が含まれており、そうした人々は、様々な種類の食糧の生産自体を生業としていたこととも関係している。

例えば初代大統領ジョージ・ワシントン（一七三二〜九九）は、奴隷を使ったプランテーションの経営者で、肥料の開発など農業技術の改革に熱心だった。若い頃、選挙で惨めな敗北を喫した彼は、敗因は有権者に十分な酒をふるまわなかったためだと気づいた。当時は、候補者がどれだけ酒をふるまうかで投票のゆくえが左右されていたらしい。その彼が大統領退任後に挑んだ最後の大事業は、ウィスキーの製造であった。自分のプランテーションに蒸留施設を設置した彼は、一八世紀のアメリカにおける最大級のウィスキーの蔵元となって世を去った。

また、独立宣言の起草者となるトマス・ジェファソン（一七四三〜一八二六）は、自然科学者としての顔も持ち、北アメリカ大陸の植物や文物の収集・分類に熱心で、薬草の利用や食料資源の開拓にも関心を持っていたが、やはり奴隷を使ったプランテーション経営者だった。そして、外交官としてフランスに滞在することになった彼は、ジェイムズ・ヘミングスという奴隷を同行させ、フランスでシェフの修業までさせている。実際、ジェファソンは、食へのこだわりが非常に強く、フランス滞在中にはヨーロッパ各地のワインをたしなんでいる。

ワシントンのプランテーション　ヴァージニア州にある、ジョージ・ワシントンのプランテーション、マウント・ヴァーノンの母屋

さらに、ベンジャミン・フランクリン（一七〇六～九〇）もなかなかの食通だった。ジャーナリストとして世論の形成に大きな影響を与えた彼は、創意工夫の才があり、発明家としても有名だが、彼の好奇心は食にも向けられていた。現に彼は、非西洋の食に対する関心が強く、豆腐のような東洋の食材の活用にも興味を抱いていただけでなく、先住インディアンのトウモロコシを白人の食生活に積極的に取り入れるよう提唱したことでも知られる。

実際、彼は、西洋のオートミール風に、トウモロコシを挽いて水を加えてお粥にし、蛋白源を添えて食べる方法を推奨している。寒冷で小麦文化圏となりつつあった北部ではこれは定着しなかったが、その後南部一帯では彼のアイデアと符合する、グリッツという挽きわりトウモロコシのお粥料理が広まった。グリッツは朝食でパンの代わりになるほか、チーズやトウガラシなどの風味を加え、エビやトマトなどをトッピングすれば、夕ご飯の立派なメインディッシュにもなる。シュリンプアンドグリッツは、今でも南部の郷土料理の一つだ。

このように独立革命の指導者となる有力者たちにとって、食は日常生活の中で重要な関心事だった。イギリス本国による食品課税強化という方針転換が、タバーンを舞台に彼らの政治意識の先鋭化に火をつけたのは、決して不思議ではなかったのである。

砂糖と茶

イギリスが目をつけた課税対象品目のうち、特に重要だったのは砂糖と茶であった。これらの値上げは、植民地の食習慣に大きな影響を与える可能性があった。

実は、砂糖は以前から植民地では課税されていた。イギリスは、一七三三年に糖蜜法(Molasses Act)を導入し、植民地が外国から輸入する糖蜜に高関税をすでにかけていた。イギリスは、英領西インド諸島のサトウキビプランテーションの利益を重視し、外国産の安い砂糖がイギリス国内に流入するのを防ぐため、外国産の砂糖に高い関税をかけてプランターたちの利益を守るという、いわば保護主義的な貿易政策をとっていた。

しかし、北アメリカのイギリス植民地では、英領産よりも安い外国産の糖蜜を密輸入していたので、この法律の効果は限定的だった（税関もわざと見逃していた）。そこで、イギリスは、フレンチ・インディアン戦争終結後の一七六四年に、新たに砂糖法（Sugar Act）を導入し、密貿易への罰則規定と税関の徴税義務を強化した。そして、英領産の砂糖のシェア拡大をはかるとともに、植民地がイギリス本国以外の外国へ物品を輸出することを規制し、砂糖を通じての増収と貿易管理に乗り出した。

実は植民地は、安いサトウキビと糖蜜を密輸入してラム酒を作って輸出していた。イギリスは、植民地への原料の輸入と、その加工品の輸出の両方を取り締まろうとしたのだ。当初ラム酒は西インド諸島で作られていたが、次第に北アメリカの植民地に大規模な蒸留施設が作られ、原材料を西インド諸島から輸入してラム酒に加工するようになった。一七〇〇年には植民地のラム酒の蒸留施設は一四一にも達し、自分たちで消費するだけでなく、貿易にも使っていた。例えば、先住インディアンとの毛皮交易では、ラム酒と毛皮を交換し、毛皮をヨーロッパに輸出して利益を上げていた（その結果、アルコールへの免疫がなかった先住インディアンにアルコール依存症が増えた）。また、ラム酒を直接、外国にも輸出した。実は、植民地のラム酒消費量は鰻上りで、密輸入の砂糖だけでは生産が間に合わず、正規のルートでの砂糖の買い付けが必要だったが、それは植民地からの貨幣の流出を加速し、ラム酒を作ってはそれを通貨代わりに貿易決済するような構造に陥っていたのだ。

植民地の人々にとってラム酒は、自分たちが飲むお酒（独立革命前の一八世紀のアメリカで酒といえばラム酒が一般的で、他のすべての種類の酒の消費量の合計を上回っていた）であるだけでなく、貿易の重要な道具であった。その原材料の値段が上昇し、ラム酒の流通をイギリス本国に管理されてしまえば、明らかに経済的損失を被る可能性があった。それゆえ、糖蜜への課税と貿易統制は、植民地経済を犠牲にした本国の歳入強化ではないかと植民地の人々は憤ったのである。

反発を受けてイギリス本国は、個別品目よりも関税制度全体の改正で歳入強化を図るとともに、より巧妙な手段に訴える。それが一七七三年の茶法（Tea Act）である。これは、植民地が輸入する茶の販売を東インド会社に独占させるもので、典型的な租税法とはやや異なる。だが植民地の人々は、イギリス政府の肝いりで作られた東インド会社を本国政府と事実上同一視し、安い茶を締め出して、本国が茶から税を搾り取るのと同じだと考えた。

こうした一連の課税強化と貿易統制に対する植民地の人々の忍耐は、ついに我慢の限界を越え、それは暴力事件へと発展する。それこそ、ボストン茶会事件であった。

ボストン茶会事件の象徴的意味

ボストン茶会事件とは、一七七三年一二月一六日の夜に、ボストンの民衆が停泊中の東インド会社の船に押し入り、三四二箱、今日の金額に換算して一〇〇万ドル以上の茶を海に投げ捨てたという事件だ。この事件は、イギリス側に治安維持のための軍事力増強の口実を与え、武力による革命へと植民地側が向かう伏線となる。ここで重要なのは、この時に人々が先住インディアンの格好をして船に乗り込んだという事実と、この事件の首謀者がサミュエル・アダムズというビール製造者であったという点である。実は、これらは、当時の植民地人が、いかなる新たなアイデンティティを作り上げようとしていたのかを考える重要なヒントを含んでいる。

植民地人と先住インディアンの関係は、一七世紀の後半には武力衝突へと発展し、北東部から先住インディアンは駆逐された。ところが、一八世紀に入ると、両者の間には、新たな局面が訪れる。それは、最終的にはフレンチ・インディアン戦争（一七五四～六三）へと至る、英仏の対立の新大陸への波及であった。北アメリカ大陸の覇権をめぐって英仏は、インディアン諸部族間の対立を利用しながら、先住インディアンの一部を味方につけて優位を築こうとしていた。それゆえ、イギリスの権益を代表する植民地側は、フランスに味方した部族と敵対関係にあるインディアン諸部族と友好関係を結んだ。その中にイロコイ連合という、五つ（後に六つ）の部族からなる先住インディアンの連合国家があった。

イロコイ連合は、内政面は各部族の自治に任されていたが、外交や防衛など連合全体に関わる事柄は定期的に会議を開いて合議していた。その際、各部族の権限は平等で、新しい部族をこの連合に平等な立場でメンバーとして加えることも可能だった。このイロコイ連合の政治形態は、後に合衆国が採用することになる連邦制度に極めて近い。部族自治は州が内政を担当する形態に似ているし、外交・防衛は連合に権限があるのと同様、合衆国の外交・防衛も連邦政府に権限が与えられたからだ。また、新たなメンバーも加入可能という規定は、新たに獲得した領土を独立時の一三州が山分けせず、新たな州を平等な立場で連邦に加入させていったアメリカの連邦制度の姿と重なる。

こうした連邦制度の伝統は、ヨーロッパに顕著に見られたわけではなく、独立革命期の植民地の人々は、イロコイ連合との接触を通じて、こうした新たな政治形態の利点に触れることになったとしても不思議ではない。実際、イロコイ連合の代表者だったカナッサテゴは、植民地に対して、各植民地と個別に交渉するのは面倒だから、植民地側も自分たちと同じような連合組織を作り、そこが外交に当たればよいと、植民地側に促している。後に類似の制度が独立後のアメリカで採用された点からうかがえるのは、一八世紀の半ばの時点では、実は植民地人は先住インディアンにかなり親近感を感じ始めていた形跡が見られるということである。実際、現在も一ドル札の裏側に印刷されている、一七八二年に制定されたアメリカ合衆国の国章には、独立時の一三植民地にちなんで鷲が一三本の矢の束を摑んでいるデザインが施されているが、ドナルド・A・グリンデ・Jr.らによれば、これは当初五つの部族から構成されていたイロコイ連合のシンボル（五本の矢を摑む鷲）とよく似ているという。植民地時代、フランクリンを介してこのシンボルは広く知られており、アメリカ建国期に先住インディアンの連合国家が強く意識されていた可能性は否定できない。

現にフレンチ・インディアン戦争終結後、植民地とイギリス本国との関係が悪化すると、イギリス植民地は、フレンチ・インディアン戦争の際に友好関係にあった諸部族に対して、今度はイギリス本国ではなく、植民地側を支持してくれるようにはたらきかけた。そして、同じ北アメリカ大陸に住む者同士が協力してイギリスの圧政を打倒しようという機運になってくる。その結果、先住インディアンと植民地人は、ある種の運命共同体であるという感覚が生まれ、先住インディアンとの自己同一化というべき現象が起きるようになる。

しかも、イロコイ連合には、独裁的な指導者はおらず、民主的な話し合いですべてを決めていたため、ヨーロッパの絶対君主制とは異なる民主的なモデルのように植民地の人々には思われた。それゆえ、先住インディアンは、運命共同体であるばかりか、植民地が目指すべき社会のあり方を体現した理想のモデルとしての意味を持ってくる。

ボストンでイギリスへの抗議運動を指揮していたサミュエル・アダムズは、「自由の息子たち」という結社を作り、支部ごとに先住民の部族の名前をつけていた。ボストン茶会事件の時、東インド会社の船に乗り込んだのはこの組織のメンバーで、先住民の部族の名前のついた支部のメンバーに相応しく、先住インディアンの扮装をしていたのである。

こうした、先住インディアンに対する運命共同体意識や自己同一化・理想化が起こったという事実は、今日ではほとんど忘れ去られているが、先住インディアンと自分たちを重ね合わせることによって、植民地人は絶対王政たるイギリス帝国からの脱却をはかろうとしていたといえる。その際、先住インディアンに対して植民地人が抱いていたのは、高貴な自然人というべきイメージであった。それは、ヨーロッパのように文明によって堕落しておらず、自然の中で必要なものだけを手に入れて、平和で自由かつ民主的に暮らしている人々というイメージであった。民主主義を実現するならば、圧政へと堕落した文明世界をまねるのではなく、先住インディアンのように自然とともに生きるべきではないかという感覚がそこには芽生えていた。つまり、ヨーロッパが都市と文明と圧政の世界であるとすれば、先住インディアンによって代表されるアメリカの世界は、農村と自然と民主主義の世界となるべきであり、そうした世界と自己同一化することが、アメリカ人としてのアイデンティティの確立への早道だと考えられていた形跡がうかがえるのである。

その見地からすると、この事件の首謀者がサミュエル・アダムズというビール製造業者だった事実は、別の意味を持ってくる。一八世紀の植民地では、酒といえばラム酒だった。しかし、ラム酒は都市の工場で生産されるようになっていたばかりか、原料の輸入をイギリスは統制しようとした。つまり、ラム酒は、都会的なものやイギリス絶対王政の圧政の象徴へと変わり始めていたのであり、ビール製造業者がイギリスに対して立ち上がったという事態は、ラム酒からの脱却が起こりつつあったことを暗示している。こうした経緯は、初代大統領ワシントンが、退任後にウィスキーの生産を始めた事実とも符合する。

つまり、この事件は、茶を拒否したのみならず、ラム酒をも植民地社会が拒否しつつあったことを物語っているのであり、イギリスの支配からの脱却を模索する過程で、人々が意識的に飲み物に対する社会的選択を行おうとしていた様子をうかがわせる。実はこれこそ、ボストン茶会事件の隠れた重要な意味と考えるべきなのだ。そして、実際、独立革命を境として、アメリカの食習慣においては、飲み物に対する志向が大きく変化を遂げることになる。

ラム酒からバーボン、ビールへ

独立革命を境として、アメリカの食習慣に大きな変化が現れたのは、飲み物の領域であった。その一つは酒だ。

糖蜜への課税強化や貿易統制をきっかけに、ラム酒の生産を続けるのはイギリスを利するだけだと考えられるようになった。そこで植民地の人々は、自分たちにとって最も身近であり、重要な貿易品目であったラム酒からの脱却を意識的に実行した。つまり、ラム酒を飲むことは反愛国的行為であり、もっとアメリカらしく、自然を連想させる酒が求められるようになったのだ。その結果、その後アメリカ社会に定着していったのが、バーボンとビールだった。なぜこれらが、アメリカらしい酒としてのイメージを持つようになったのだろうか。

独立革命でラム酒の人気が凋落すると、代わりに台頭してきたのは、同じく蒸留酒のウィスキーだった。実際、アメリカ建国後の最初の危機の一つは、初代大統領ワシントンの在任中に起きた、ウィスキーの反乱と呼ばれる出来事である。連邦政府は、独立戦争の戦費や債務を補うために税収強化を図らねばならなかった。その際に目をつけたのがウィスキーだったが、一部で猛反発を招き、軍事衝突へと発展した。だが、こうした措置は、税収として期待できるほど、ウィスキーが普及し始めていたことを示している。

当初ウィスキーは、イギリスの製法にならって麦を主成分にしていたが、麦一〇〇％というわけにはいかず、他の穀物も代用品としてブレンドしていた。ワシントンの製造したウィスキーの原料も、ライ麦六〇％に対して、トウモロコシが三五％だった。そして、その比率を逆転させ、トウモロコシが主成分となる作り方が登場する。それがバーボンである。

バーボンがアメリカらしい酒というイメージを付与されたのは、先住インディアン伝来のトウモロコシを主な原材料としているからだ。一九世紀に入って西部開拓が進むと、入植者たちは、主として家畜の飼料となるトウモロコシを生産するようになる。しかし、当初は輸送手段が発達していなかったため、収穫したトウモロコシを腐らせないで商品化する方法の一つとして、酒造りへの利用が模索された。今でもバーボンの産地として有名なケンタッキー州やテネシー州は、当時のいわば西部の最前線であった。

また、バーボンもビールも、農村で家内工業的に生産されるのが一般的だった。一九世紀前半の段階では、ラム酒の場合のように大規模な工場で生産されることはほとんどなく、多くがいわば自家製であった。つまり、ラム酒が産地においては外国、生産体制においては都会的な背景を持つ酒だったとすると、バーボンやビールは国産の原材料（しかもバーボンはアメリカらしい材料）で、かつ農村的世界の産物というイメージを持つに至ったのである。

現に、世界的に有名なバーボンのブランド、ジャック・ダニエルズの工場は、今でもテネシー州のリンチバーグという、人口数千人の小さな田舎町にある。他方、ビール自体はアメリカが生み出した酒ではなかったが、ラム酒よりもアメリカ的だという意味で人気が高まり、一九世紀半ば以降、ドイツ系移民を中心に製造が盛んになっていく。今日では、アメリカでラム酒は飲まれることはほとんどなく、カクテルのベースにする程度だ。

紅茶からコーヒーへ

一方、日常の飲み物にも大きな変化が起こる。それは、紅茶からコーヒーへのシフトであった。ボストン茶会事件を機に、植民地はイギリスから輸入される茶をボイコットした。茶を飲むこともまた、ラム酒同様、反愛国的行為とみなされた。

独立革命期に生じた紅茶離れは、一九世紀に入っても続いた。一八一二年の第二次米英戦争では、独立戦争の際に援助してくれたフランスへの恩義から、ヨーロッパで孤立したナポレオンを助けるべく、アメリカはイギリスに宣戦布告したが、同時にそれはイギリス製品の輸入が滞る事態となり、紅茶離れを加速させた。そして、ブラジルでコーヒーの生産が盛んになるにつれ、アメリカは、距離的に近い南米からコーヒーを多く輸入するようになる。

コーヒー豆をローストする技術など、技術的課題があったものの、一九世紀を通じて茶からコーヒーへのシフトは着実に進み、一九世紀後半の段階では、アメリカはほぼコーヒーの国になったといえる（ちなみに茶も輸入していたが、それは中国からであった）。今日では、アメリカは旧イギリス領だった国の中では、例外的に紅茶を飲む習慣が定着していない国である。紅茶を葉から淹れることはアメリカではほとんどなく、高級レストランで紅茶を注文してもティーバッグが出てくるのが普通である。アメリカでは、アイスティーを飲む習慣はあるが、温かい紅茶をたしなむ文化はほとんど見られない。

飲み物をめぐる社会的選択と文化的独立

このように、独立革命は、アメリカの食習慣を大きく変化させる契機ともなった。そこでは、イギリス本国への敵愾心という政治的動機が、何がアメリカに相応しい飲み物かという社会的選択を促し、イギリスとは異なる文化的風土を構築していくことにつながった。その結果、アメリカ大陸ならではの原料や、自然に近い飲み物こそが、アメリカ社会が取り入れるべきものだという感覚が生まれた。自然は、一九世紀に開花することになるアメリカの文学や絵画の重要なテーマにもなった。実際、その名も『自然』（一八三六）という著作を通して自然と人間の一体化を説いた詩人ラルフ・ウォルドー・エマソンにしろ、アメリカ最初の美術運動となった、雄大な風景画を特徴とするハドソンリバー派の中心人物トマス・コールにせよ、「自然」はアメリカの文化的独立を象徴する新たな芸術表現の重要なインスピレーションとなるのである。

独立革命は、アメリカにおいてナショナルな食習慣といえるものがようやく登場してきた瞬間であった。植民地時代には地域ごとに独自の食文化が発達していたものの、全国的な共通の食文化と呼べるものは未発達であった。しかし、独立革命を契機としてその後一九世紀にかけて進行していった飲み物革命は、イギリスとは異なるアイデンティティをこの国が模索しながら、同時に初めて全国的と呼べるような食文化を形成する舞台となったのだ。

と同時にここで注目したいのは、そうした全国共通の食習慣というべきものが、酒やコーヒーといったいわば飲み物の領域を中心に起こったという点である。このことは、植民地時代に各地で開花していた混血地方料理そのものを一掃したわけでは必ずしもない。むしろ、多様な食べ物に共通の飲み物が加わったという構図として捉えることができる。

アメリカの食文化は、ローカルとインターナショナルが直結した、クレオール的な創作料理を地方ごとに発達させつつ、そこにナショナルな飲み物を社会的選択として加える形で骨格を整えたといえる。それは、人種や地域の多様性を決して否定することなく、それらの様々な組み合わせから、世界のどこにもなかった新たな混血文化を創作していく作業と、自分たちの政治的立場を確認できるような国民的価値観を具現化した共通の文化的風土とを両立させることに、この国が出発の時点で取り組もうとしていたことを示唆している。

植民地時代に出来上がった食べ物と飲み物の関係が示しているのは、ローカルとインターナショナルが直結することで生まれたクレオール性と、全国的な社会的選択が作り出すナショナルな文化的風土の両方を食に取り込むという発想であった。それは、ローカルなもの、ナショナルなもの、インターナショナルなもの、それらが互いに排除することなく併存する関係を構築することこそが、アメリカというプロジェクトの根底に刻まれている発想だったことを暗示する。したがって、これらのどれか一つを突出させたり、どれかを締め出すことは、むしろ非アメリカ的であり、これらの共存する状態こそ、アメリカが目指そうとした理想だったはずなのだ。植民地時代の食の多様性と飲み物革命は、この国がこれら三つの次元をバランスよく取り込みながら、混血性と共通の価値観が両立する世界を目指そうとしていたという、埋もれた記憶を今に伝えているのである。

第2章

ファーストフードへの道

産業社会への移行と食の変革の功罪

　植民地時代から独立革命を経て形成されたアメリカ食文化の基層は、ローカルとインターナショナルがクレオール的に地方ごとに融合した創作料理と、大英帝国からの離脱とナショナルな政治的意思決定を刻み込んだ国民的飲み物という、いわば二つの核を持つに至った。それは、オープンな文化的多様性と政治的一体感が両立する世界を切り開きながらこの国が出発したことを物語っていた。

　アメリカ食文化に宿っていたはずのこの創造性豊かなポテンシャルの帰結が、なぜ今日の画一化されたファーストフードなのだろうか。これを考える上で重要になってくる時代は、一九世紀後半から二〇世紀前半にかけての産業社会の出現の時期である。産業社会の様々な食の変革は、アメリカ食文化の基層を強化したかに見えて、実際にはファーストフードの成立基盤に貢献するという皮肉な役回りを演じることになったのだった。

1　ハンバーガーの登場――移民の流入とエスニックフードビジネスの遺産

南北戦争でのカルチャーショックと共通体験

一九世紀前半は、アメリカの食文化が大きく変化することはなかった。そこでは、植民地時代に形成された地方ごとの独特の混血創作料理の伝統が維持される一方、独立革命を境として始まった飲み物革命が時間をかけて進行していた。ところが、こうした状況に新たな局面が訪れる。それが南北戦争（一八六一～六五）であった。そして、それは、産業社会で新たに成立するエスニックフードビジネスの遠い夜明けをも告げることになる。

南北戦争では、一般市民が多数戦場に赴いた。地元を離れたことのなかったような人々が、初めて遠隔地での勤務を経験した。また、南北戦争の少し前の一八四〇年代には、アイルランドからの移民が大量にアメリカに流入していた。これは、アイルランドでのジャガイモ飢饉が引き金だったが、アメリカにたどり着いてもアイルランド系移民は社会の底辺を抜け出せず、南北戦争が始まると、多くのアイルランド系移民が生活資金を得るために兵士に志願した。そうした動きは、同様に生活にあえいでいた他の移民にも広がった。このため、南北戦争の戦場では、各地の出身者と移民が寝食をともにする事態になったのだ。

これは、双方にとって一種のカルチャーショックとなった。様々な地域の出身者たちは、郷土料理とは異なる多様な食がアメリカ全体には存在することを知るとともに、移民たちには違った食習慣があることを知った。一方の移民たちも、アメリカと一口にいっても多様性があり、民族集団が異なれば移民の間でも食習慣が違うことを目の当たりにした。

四年間という一定期間にわたって、各地の出身者と移民とが戦場で寝食をともにした結果、双方の食習慣が互いに浸透していく回路が形成された。そして、戦争が終わって兵士たちが故郷へ帰っていくと、移民の食習慣もまた、各地へと伝わっていった。移民たちがアメリカの食習慣を知り、エスニックフードが後に移民集団以外へも受け入れられていく素地がここに形成されたといえる。こうして南北戦争は、移民たちが後にアメリカ全体に向けて食を供給していく重要な環境整備の役割を果たしたのであった。

急速な工業化と新移民の流入

南北戦争後、アメリカは急速に工業化への道を歩んでいく。一九世紀前半のアメリカはまだ農業国だったが、一八八〇年代にはイギリスを抜いて世界一の工業国となった。だが同時にこれは、安価な労働力を新たに必要とした。その結果、一八九〇年代から一九一〇年代にかけてのアメリカには、主としてヨーロッパの低開発地域からの移民が大量に流入した。イタリア系やユダヤ系、東欧系などが中心で、言語的にも宗教的にも、それまでの西ヨーロッパや北ヨーロッパからの移民とは文化的差異が大きかったために新移民と呼ばれる。

新移民たちは、アメリカ社会に適応することを余儀なくされたとはいえ、食習慣をすぐさま変えるのは困難だった。しかも、彼らは、都市の特定地域に固まって住む傾向があり、一定の数も存在したから、同一移民集団の住む地域で郷土の食を提供するビジネスは十分成立しえた。それゆえ、新移民たちのコミュニティの中には、それぞれの出身地域の食を提供するエスニックフードビジネスが各地で生まれていく。

もっとも、こうしたビジネスは、それまでなかったわけではない。例えば、植民地時代のペンシルヴァニアでは、ドイツ系の宗教移民が自給自足的な農村共同体を作り上げ、エスニックフードの生産体制がすでに確立されていた。しかし、一九世紀末には、エスニックフードが都市においても生産され始めただけでなく、新移民の流入によって、流通するエスニックフード自体の多様性が増したのであった。

都市型エスニックフードの新たなビジネスチャンス

都市型エスニックフードビジネスは、当初は同一移民集団内の顧客を対象としていたが、次第にそうした食べ物に、部外者である都市の白人住民が関心を寄せるようになる。その背景には、工業化による生活の安定でゆとりが出た人々が着実に増えてきたことに加え、そうした人々の中には、画一化された都市型ライフスタイルに飽き足らず、何か珍しいものに触れてみたいという欲望が少なからずあったことが関係していた。都市の移民街に行けば簡単に入手できるエスニックフードは、手軽に楽しめる非日常体験だった。しかも、元来貧しい移民に対して提供されていた料理だったため、費用もかからなかった。

その結果、移民たちが移民街で始めたエスニックフードビジネスは、移民以外の人々という新たなマーケットを手に入れた。と同時に、そうしたエスニックフードは、移民街以外では、自給自足的な農村共同体を除けばビジネスとしてはほとんど登場しておらず、既存の白人社会の中に目立った競争相手もいなかった。それゆえ、こうした状況を新たなビジネスチャンスと捉え、いわば需要の隙間を埋めるかのように、エスニックフードビジネスを本格的に立ち上げようとする動きが移民たちの間に広がるようになる。そしてそれは、社会の底辺にあえいでいた移民たちにとって、自ら起業し、収益性の高いビジネスによって社会的地位を向上させる絶好のチャンスともなった。

ハインツ社とトマトケチャップ

移民によるエスニックフードビジネスの最も代表的な成功例といえるのは、ハインツ社である。これは、ヘンリー・ジョン・ハインツ（一八四四～一九一九）が一八六九年に始めたビジネ

ハインツのトマトケチャップ　ケチャップの瓶の上部のラベルには、現在でも“57 VARIETIES”のキャッチコピー

スが元になっている。

ハインツの両親はともにドイツからの移民で、ペンシルヴァニア州のピッツバーグで暮らしていた。彼自身は、二五歳の時、地元で西洋わさびを売るビジネスを始めるが、一旦は失敗する。しかし、一八七六年に再び会社を組織して、ピクルスとトマトケチャップの生産で一八八〇年代には大成功を収める。その後、各種調味料や缶詰、瓶詰の食品を数多く手がけ、今日では世界中でビジネスを展開し、トマトケチャップのシェアでは世界一を誇る。

ハインツは、穀物や食肉といった、主食や柱となる副食物の分野に進出したわけではなかった。あらためて後述するが、一九世紀後半の金ぴか時代には、穀物や食肉といった主要な副食の分野では、他の産業と同じように市場の寡占状態が出現し、一握りの大企業が市場を支配していた。そのため、貧しい移民たちが食品産業に参入する場合、そうした穀物や副食といった分野以外に活路を見出す必要があった。その際にハインツが目をつけたのが、ピクルスのような保存食やケチャップのようなテーブルソースであった。

ドイツ系移民には、すっぱいものを食卓に出す伝統があり、酢漬けを作るのに慣れていた。

それゆえ、ピクルスの生産は容易だった。一方、ケチャップは、調理の最中にも、食べる段階でも、両方使える便利なソースだが、西洋世界にはこのようなものはほとんどなかった。

西洋世界がこうした便利な調味料と出会った最初は、大航海時代に中国や東南アジアで醬油を知った時であるといわれている。以来、西洋世界は、調理にも食事にも使える万能ソースを作ろうと努力してきたが、大豆がうまく収穫できず、加工技術もなく、作れずにいた。

ハインツは、こうした万能ソースを西洋人の口に合うように作り出せれば売れると思っていた。そこで彼は、一部の業者が実験的に取り組んでいた、トマトを原材料とした万能ソースの開発を精力的に行い、トマトケチャップとして商品化した。一九世紀末のアメリカでは数社がトマトケチャップの開発を行っていたが、ハインツは“57 VARIETIES”（多数の製品を製造している会社というイメージを喚起するための宣伝文句で、実際に五七種類の製品があったわけではないが、現在でもハインツのトマトケチャップのラベルに書かれている）というキャッチコピーで知名度を上げ、トマトケチャップ市場での優位を築いた。

トマトケチャップは、醬油の代用品を求め続けてきた西洋世界に応えるものとなった。だがここで重要なのは、万能ソースはそもそも非西洋世界のものであり、ある意味では、それ自体がエスニックフードとしての要素を持っていたという点である。しかも注目すべきは、トマトケチャップは、決してドイツ系の食習慣とは接点がないという点だ。トマトというアメリカ大陸原産の食材を用いて、ドイツ系移民の手で生み出された、アメリカらしい万能ソースこそ、実はトマトケチャップだったのだ。それは、創作されたエスニックフードというべきものが移民たちのエスニックフードビジネスから登場してきたことを意味していた。

ベーグルとデリカテッセンの普及

ハインツ社の成功は、酢漬けのような、本来はドイツ系という特定の民族集団の得意料理だった食べ物が他の集団の食習慣にも浸透したことを示すと同時に、トマトケチャップのような「エスニックフードもどき」が広く受容されていった様子を映し出している。それは、アメリカに流れ込んだ多様な食の伝統が、エスニックフードビジネスを経由して広く国民共通の食習慣へと歩み始めたことを物語るとともに、その過程では、どこにもなかったような新たな食の創作も同時に起こったことを示している。

こうした現象は、実はピクルスやトマトケチャップ以外にも見られ、その起源も決してドイツ系に限られるものでもない。例えば、ユダヤ系の食習慣が同じような経過をたどっていった例として、ベーグルとデリカテッセンを挙げることができる。

ユダヤ系の人々にはユダヤ教の厳しい戒律があり、食べ物に関しても様々な制限や条件を守らなくてはならない。そのため、ユダヤ系の共同体では、アメリカ移住以前から、コウシャーと呼ばれる、戒律に抵触しない安全な食品を供給することに工夫を重ねてきた。その結果、ユダヤ系の共同体の中で発達してきたのが、ベーグルとデリカテッセンだった。

ベーグルは、ドーナツ状で中央に穴の開いたやや固めのパンのことをいうが、元来はユダヤ人の発明というわけではなく、古代エジプトや中東地域に広く存在していた食べ物らしい。しかし、それがユダヤ教徒に特に好まれるようになったのは、中世以降、ポーランドなど東ヨーロッパのユダヤ系コミュニティが深く関係しているといわれている。

ユダヤ系の人々は、ヨーロッパでも様々な差別を受けていたため、製造分野よりも商業分野に活路を見出さざるをえなかった。それゆえ、ユダヤ系には行商人が多かったのだが、ユダヤ教は、清められたパンでなければならないとか、口に食べ物を入れる前には手を清めることといった戒律があった。しかし、外回りの行商人には、食べ物を清めたり、手をきれいにする余裕がなかった。その点、ベーグルは、パン生地を一度ゆでてから焼くものだったので、ゆでるという行為自体に水で清めるという意味を見出すことができた。そこでユダヤ系の人々は、ベーグルならば外でも簡単に食べられると考えて、販売するようになっていった。

ユダヤ系のフードビジネスは、当初は路上の手押し車が舞台だった（ベーグルの穴もそこに棒を通して大量に持ち運びしやすくするためだったらしい）が、店舗でベーグルが販売されるようになると、ついでにそのまま食べられる惣菜も扱うようになっていく。そうした店は、ドイツにあったデリカテッセンというタイプの店をまねたものだった。デリカテッセンは、八百屋や肉屋が原材料をそのまま売るタイプの店だったとすれば、むしろ、そのまま食べられる加工食品やその場で簡単に作れる弁当を売るようなタイプの店だった。

カッツ・デリカテッセン（photo by Alex Lozupone）　ニューヨーク、マンハッタンのロウアー・イーストサイド地区にある、1888年創業のユダヤ系のデリ。パストラミ・オン・ライで有名

デリカテッセンは、ドイツ系移民によってすでに一九世紀半ばまでにアメリカにも類似の店ができていたが、これが本格的にアメリカの都市に出現するようになったのは、一九世紀後半にユダヤ系移民が非熟練労働力として北部の大都市に大量に流入するようになってからである。ユダヤ系の人々は、都市の一角に自分たちの居住区を作り、ヨーロッパにいた時と同じように、デリカテッセンを開業し、ベーグルを販売した。代表的なのは、ニューヨークのマンハッタンのロウアー・イーストサイドと呼ばれる地区だが、現在でもここにはユダヤ系の住民のコウシャーフードを売る店が立ち並んでいる。

　デリカテッセンは次第に単にデリとよばれるようになり、都市で忙しく働く他の人々にとっても、惣菜や弁当が手に入るので、たちまち便利な存在となった。と同時に、そこで売られているベーグルは、見慣れないパンとして好奇心を刺激した。その結果、ベーグルとデリという、ユダヤ系移民がもたらしたものも、次第に社会に受け入れられていった。

しかし、ベーグルが共有財産化されるにつれ、それは新たな創作の舞台ともなった。そもそもユダヤ系の人々が食べていたのは、プレーンなベーグルだった。しかし、ベーグルが広く知られるようになると、それに様々なフレーバーを追加したり、干しブドウなどの混ぜ物をするようにもなった。クリームチーズの大手クラフト社の宣伝もあって、ユダヤ系の間でもベーグルにはクリームチーズを塗るのが一般的になる。また、ユダヤ系以外の人々が経営するデリも増えていき、中身も幅広い惣菜を扱うようになる。今日のアメリカのスーパーマーケットには、デリコーナーがあることが珍しくないが、そこでは伝統的にデリが扱ってきたものに加えて、サラダやスープ、アジア系の総菜なども売られるようになっている。

クレオール料理の進化

こうした、ベーグルやデリの普及は、ハインツのピクルスやトマトケチャップの場合と同様、移民が持ち込んだ食習慣がビジネス化されてより広い層へと浸透するとともに、そこでは新たな食の実験というべきものが展開されつつあったことを物語っている。移民たちのエスニックフードビジネスへの参入は、アメリカ食文化の創作料理／混血料理としての伝統を上書きしたのだ。実際、移民の食文化をヒントにした食のさらなる実験は、アメリカの創作地方料理の原点ともいうべき、ニューオーリンズのクレオール料理にも及んでいた。

クレオール料理の代表的存在として登場したガンボーやジャンバラヤは、すでに立派な混血創作料理だった。だが、その後のクレオール料理が新たなレパートリーを加え、地方料理としての基盤を強化できたのは、調味料やソースの開発に負う部分が大きい。ルイジアナ州エイブリー島のトウガラシから作られた激辛ソースのタバスコもこうした文脈と無関係ではないが、クレオール料理の隠し味として欠かせなくなっていったのは別の調味料だ。

交易都市だったニューオーリンズでは、各地からの様々な産品が手に入った。クレオール料理はそれらを活用しながら、ケイジャンに比べて洗練された上品で繊細な味わいを追求していった。そして、先住インディアンのスパイスを活用したスパイシーな料理により複雑で豊かな風味を加えるのに重要な役割を果たしたのが、マスタードだった。

クレオール料理がマスタードを取り入れた背景には、ソーセージに粒入りマスタードを添えるドイツ系移民の食習慣がヒントになった可能性がある。実際、一八六〇年代のニューオーリンズで最も人気のあったクレオール料理店の一つは、マダム・ブジェというドイツ系移民の店だった。ニューオーリンズの老舗のレストランは、マスタードをクレオール料理の調味料と合わせたクレオール・マスタードや、ケチャップとブレンドしたレムラードというソースを作り出し(同名のソースはヨーロッパにもあるがマヨネーズベースでタルタルソースに近い)、これらがクレオール料理の新たなレパートリーの開発を後押しした。爽やかな辛みの芳醇な口当たりが後を引くこれらの新製品は、創作混血料理としてのクレオール料理の味付けの幅を広げ、他とは一線を画す独自の境地を切り開いた。創作エスニック地方料理も、移民からの恩恵を吸収し続けながら、混血度を強化していったのである。

ハンバーガーとホットドッグを普及させた万国博覧会と遊園地

ドイツ系移民で興味深いのは、彼らの自給自足的な農村共同体の食文化は非常に保守的であったにもかかわらず、一度それが外部に流出すると、新たな創作料理の重要なヒントになっている点だ。そして、アメリカを代表する食べ物であるハンバーガーとホットドッグも、実はこうした文脈に位置づけることができる。

ハンバーガーがいつアメリカに出現したのかには諸説あり、特定するのは難しいが、およそ以下のような経緯をたどったと考えられる。まず、挽き肉を焼いたハンバーグ・ステーキというべき料理はすでにヨーロッパに存在していた。ドイツやスカンジナビア半島からの移民がアメリカに渡る際、出航地となっていたのはドイツのハンブルクで、一九世紀半ばにはニューヨークとの間に定期船も就航していた。そして、彼らとともにアメリカに広まったのが、こうした挽き肉のステーキで、出航地にちなんでハンバーグ・ステーキと呼ばれるようになったらしい。一八七六年に開催され、半年間にのべ一〇〇〇万人が来場したといわれる、建国一〇〇年を記念したフィラデルフィアの万国博覧会の会場では、ドイツ料理の店が設置され、ハンバーグ・ステーキを提供していた。万国博覧会は、新しい製品や技術の見本市としての性格や外国紹介の要素を持っており、エスニック料理が一般庶民に普及していく重要な契機となったであろうことは容易に想像される。

だが、当初それは肉料理であって、パンに挟む食べ方ではなかった。そうした新たな食べ方が登場してくるのは一八八〇年代以降で、それが普及する大きなきっかけとなったのも、万国博覧会などの大きな催し物やスポーツイベントだった。これらの会場には、模擬店が出店し、立ったままでも食べられるものが求められた。それには、ナイフやフォークを使わずに済む、フィンガーフードが理想的だった。そこで、様々な人々が新たなフィンガーフードを考案し、その中で人気を博することになったのが、ハンバーグ・ステーキをパンに挟んで食べるハンバーガーだったのだ。ハンバーガーの普及の大きな転機になったのは、一九〇四年のセントルイスでの万国博覧会だったといわれる。

ホットドッグの普及も、これと非常に似た構図でとらえることができる。フランクフルトソーセージはドイツ系移民によってアメリカにもたらされていたが、細長いパンに挟めば便利なフィンガーフードになる。ホットドッグという名称は、フランクフルトが実は犬の肉ではないかという噂が立ったことに起因しているらしい（実際にドイツでは犬の肉を食べる習慣もあったようだ）。ホットドッグは、一部の地域では「コニー」とか「コニードッグ」とも呼ばれているが、これはニューヨークのコニーアイランドという遊園地に由来する。ここでは一九世紀末には、ホットドッグが販売されていたらしい。

こうしてハンバーグ・ステーキやフランクフルトソーセージといったドイツの食が、屋外の手軽なフィンガーフードへと応用され、アメリカ独自の食文化へと発展したのである。

創作サンドイッチとしてのハンバーガー

ハンバーガーやホットドッグの普及は、ドイツ系移民の食文化の共有財産化、フィンガーフード化であると同時に、パンに挟んで食べる食べ方の多様化という側面、すなわち、サンドイッチ系のレパートリーの拡大という面も持っている。実際、アメリカでは、サンドイッチという概念がかなり広い。食パンに挟んだものだけでなく、ロールパン的な形状（バンという）に挟んだハンバーガーのような種類や、コッペパン的な細長いパンに挟んだホットドッグ系のものまで、アメリカでは広義のサンドイッチに入る。

サンドイッチという名称は、一八世紀のイギリスの伯爵の名に由来する。だが、二枚のパンに自分で何かを挟んで食べること自体は、当時のヨーロッパに階級を問わず広く見られた。これに伯爵の名前がついたのは、彼が忙しいあまり、すぐにかつ片手で食べられるよう、最初から具をパンに挟んだ状態で持ってくるように命じ、一つの料理の形を確立するきっかけを作ったからだろう。

基本的にイギリスのサンドイッチは、冷肉やチーズ、生野菜などを挟んだ小型のフィンガーフードであった。だが、アメリカにおけるその後のサンドイッチの発展過程では、ハンバーグ・ステーキやフランクフルトソーセージのような温かい食材を挟むようになっただけでなく、パンの種類が食パン以外にも広がり、パンも中身もより大型化していったのだ。

ホワイト・キャッスルのスライダー（photo by ben britten）　パンの部分は5センチの正方形。ハンバーグはハムのような薄さ

実際、ハンバーガーとサンドイッチでは、パンに具を挟むという構造は同じでも、見た目はかなり違う印象を持っている人も多いはずだ。ハンバーガーがボリュームのある立体的な外見なのに対し、サンドイッチは具の部分が薄く、平たくつぶれたイメージが強いだろう。だが、初期のハンバーガーは、こうしたサンドイッチ型の形状に近かったようだ。

実は、初期のハンバーガーを彷彿させる商品は、今でもホワイト・キャッスルという店にある。一九一六年にカンザス州のウィチタにオープンした売店が前身となって、一九二〇年代には全米初のハンバーガー・チェーンとして一〇〇店舗以上にまで成長したこの店は、現在でも中西部を中心に営業しており、昔ながらのレシピを提供している。それは、オリジナル・スライダーという商品で、冷凍食品としても製品化されている。スライダーとは、小型のハンバーガーのことを指すが、ホワイト・キャッスルの昔のメニューには、ハンバーガー・サンドイッチという言葉も登場していた。

実際、オリジナル・スライダーの外見は、ハンバーガーというよりは、サンドイッチに近い。

ハンバーグの大きさは、五センチ四方の正方形と小ぶりで、しかもそれがハムのように厚さ数ミリ程度に薄く引き伸ばされており、その上にグリルしたタマネギとピクルスが乗っている。上下のパンもハンバーガーのように丸くはなく、正方形にカットされている。普通のハンバーガーの半分以下のボリュームだ。

アメリカで最初に成功したハンバーガー・チェーンの製品は、それがサンドイッチの一種として登場してきた歴史とともに、ハンバーガーの原点がフィンガーフードとしてのコンパクトさにあったことをうかがわせる。それは、腹のすき具合に合わせてスナックとしても食事としても個数を加減できる（今でもホワイト・キャッスルの魅力はここにある）という、万能的な利便性だったのだ。だが、ホワイト・キャッスルの成功で、これをコピーした商売が一九二〇年代以降あちこちでお目見えすると、中には差別化を図ることで生き残ろうとする店も現れた。丸いパンとボリューム感という、ホワイト・キャッスルのオリジナル・スライダーとは一線を画す路線は、そうした差別化路線の中で形成されていったのである。

多様な創作エスニックサンドイッチ

実際、ハンバーガーやホットドッグとほぼ時を同じくして、アメリカでは様々なタイプのサンドイッチが新たに出現していた。そして、それに重要な役割を果たしていたのが、やはり移民たちがアメリカに持ち込んだ食文化だった。つまり、ハンバーガーやホットドッグは、移民の食文化の影響を受けながら一九世紀末から二〇世紀前半にかけて同時多発的に登場してきた、新たな創作エスニックサンドイッチの一種だったと見ることができるのだ。

では、ハンバーガーやホットドッグの兄弟というべき、移民の食文化の影響を受けた新たな創作エスニックサンドイッチにはどのようなバリエーションがあったのか。ここでは、現在でもアメリカで食べられているいくつかを紹介しよう。

まず、ユダヤ系の食文化から登場してきたものに、パストラミ・オン・ライと呼ばれるタイプのサンドイッチがある。これは、ライ麦パンに、パストラミという牛肉の燻製を挟み、マスタードを加えたものだ。パストラミの製法は、一九世紀後半にルーマニアからのユダヤ系移民によってアメリカに伝えられたとされ、ニューヨークのユダヤ系のデリが売り出したものである。見た目はローストビーフのようだが、ハムのような食感で、脂っぽく塩辛い。

同じくライ麦パンを使うものの、中身をコーンビーフに変え、ザワークラウトを挟むルーベンというサンドイッチも登場した。ルーベンの起源には諸説あり、真相は藪の中だが、パストラミがユダヤ系の食材だったとすると、コーンビーフを料理によく使っていたのはアイルランド系移民だったので、彼らの食習慣がルーベンのヒントになった可能性がある。一方、ザワークラウトはドイツ系移民の食べ物だ。しかも興味深いのは、ルーベンでは、中に挟むコーンビーフにロシアン・ドレッシングなるソースをかける点だ。マヨネーズとケチャップをブレンドしたこのドレッシングは、アメリカで発明されたもので、決してロシア料理の調味料ではない。

北ヨーロッパを連想させるライ麦パン、アイルランド系移民の好物コーンビーフ、ドイツ系移民のザワークラウト、それに創作エスニックドレッシングという取り合わせは、移民がもたらした食習慣を自由に組み合わせた創作料理そのものだった。

また、ユダヤ系の食材であるベーグルを使うアイデアも登場した。代表的なのは、クリームチーズを塗り、ロックスと呼ばれるスモークサーモンを乗せたものだ。ロックスとは、ユダヤ系の人々が話すイディッシュ語でサケのことなので、このタイプのサンドイッチの誕生にはユダヤ系の人々が深く関わっていた可能性が高い。だが、そもそもベーグルにクリームチーズを塗る食べ方は、ユダヤ系の伝統的な食べ方ではない。一九世紀末以降アメリカで大量生産されるようになったクリームチーズとユダヤ系の食文化とを融合させた創作料理といえる（ニューヨークは濃厚なチーズケーキで有名だが、これもユダヤ系の人々がアメリカで大量生産され始めたクリームチーズを使って作り出したものである）。

チーズステイク・サンドイッチ（photo by Phil Denton）
このように細長いパンに具を挟んだ場合でも、アメリカではサンドイッチ

一方、イタリア系移民の間からは、細長いサンドイッチも登場してきた。代表的なものは、チーズステイ

ク・サンドイッチである。この種のパンは、ホットドッグに用いられていたのと似ていた。そして、フィラデルフィアでは、フランクフルトではなく、別の中身を挟んで売り出す人々が登場した。それは、細切りの牛肉、ピーマン、タマネギ、マッシュルームなどをグリルして、上からチーズをかけて挟んだものだった。このチーズステイク・サンドイッチは、フィラデルフィアを代表する郷土料理となり、今では全米で食することができる。

チーズステイクの誕生は、細長いコッペパンタイプのパンにいろいろなものを挟んでみよう、という実験が始まったことを意味していた。その伝統は、今ではサブマリン（サブ）と呼ばれるサンドイッチへとつながっている。この名前は、形が潜水艦に似ていることに由来するが、ファーストフード店のサブウェイはこのタイプのサンドイッチの専門店で、様々な具材の組み合わせのサブが売られている。

こうしたハンバーガーやホットドッグの兄弟たちの登場の背景には、やはり利便性があった。フィンガーフードは、万国博のような催し物会場だけではなく、都市でせわしなくはたらく人々にとっても重宝だった。新たな創作サンドイッチは、ユダヤ系、アイルランド系、イタリア系といった当時大量に工場労働者としてアメリカの工業化を支えていたブルーカラーの人々の味覚はもとより、広く一般庶民を満足させる商品として普及していった。

移民たちが始めたエスニックフードビジネスをきっかけに、移民の食文化の共有財産化、フィンガーフード化、創作サンドイッチの開発という三つの動きが混然一体となってアメリカの産業社会では進行していた。こうした事態こそ、後にアメリカを代表する食べ物へとのし上がっていくハンバーガーやホットドッグの重要なゆりかごだったのだ。

ハンバーガーやホットドッグを創作料理として再認識する時、実際には現在でも様々な「バーガー」や「ドッグ」がアメリカに存在することの持つ意味はより重要になってくる。ハンバーグ以外に様々なトッピングの組み合わせが存在しており、アボカドを乗せたカリフォルニアバーガーなど、地方色豊かなものもある。また、北西部の太平洋岸には、ハンバーグの代わりに特産のサケの肉をハンバーグのように練り固めたサーモンバーガーもある。今でこそハンバーガーやホットドッグは画一化されたファーストフードの代名詞になってしまったが、本来それは新たな食べ物を考案しようとする創作料理の精神の産物だったのであり、様々なバーガーやドッグたちは、そうした記憶を今に伝えているのだ。

創作エスニックサンドイッチとチリの出会い

創作エスニックサンドイッチとして誕生したハンバーガーやホットドッグの発展過程でもう一つ注目される点は、それがすでにアメリカに存在した創作地方料理とも合体し、ニューオーリンズのクレオール料理がたどったのと同じように、さらに混血度を高めていったという経緯だ。それは、チリとの出会いである。

チリの元祖は、前述した植民地時代のテキサスの創作メキシコ料理というべきチリコンカルネである。カルネはスペイン語で肉のことで、当初は、チリ（トウガラシ）のスープで牛肉の塊を煮込んだものだった。西部開拓とともにこの料理は各地に広まり、肉以外にも豆やトマトなどを一緒に煮込むようになる。一八九三年にシカゴで開かれた万国博覧会では、チリコンカルネのスタンドが設けられ、大人気だったようだ。

今日、アメリカでチリというと、肉は牛挽き肉で、豆やトマトも入っていることが多い（口絵参照）。そこにチーズやクラッカーをかける食べ方もある。レストランのメニューでは、チリはスープというカテゴリーに分類されているのが普通だが、様々な具が投入されるようになるにつれ、実際には液体部分よりも固体部分の割合がかなり多い料理になっている。シチュウを通り越して、具沢山ミートソースのような形状に近いのだ。そして、これに着目して、チリをトッピングに用いるというアイデアが登場してきた。その後のチリの運命を大きく変えることになったこの発想の転換に重要な役割を果たしたのは、テキサスとは何の関係もなかった、ギリシアやマケドニアからの移民だった。

一九世紀後半にアメリカにやってきたヨーロッパの低開発地域からの貧しい新移民たちは、牛肉や豚肉などを塊で買う余裕がなく、商品価値の低い部分を挽いた挽き肉を使っていた。そして、中西部オハイオ州のシンシナティ一帯では、ギリシア系の人々の中から、テキサス型チリを挽き肉で作り、地中海料理で使うスパイスを混ぜ、パスタの上にかけるという食べ物が生まれ、一九二〇年代にはレストランでも提供されるようになる。

こうした料理は、シンシナティ・チリとかチリマック（マックとはマカロニのこと）と呼ばれ、今日でも食べられている（口絵参照）。パスタ（通常はスパゲティ）の上にチリとチーズを乗せたスリーウェイという食べ方が基本で、さらに、タマネギ、豆を乗せて五段重ね（ファイブウェイ）にすることもある。少しスパイスがきいたスパゲティ・ミートソースのような感じである。ギリシア料理のレパートリーには、パスタと肉や野菜をラザニアのように重ね焼きするものがあるが、こうしたレシピを連想させるかのような新たな料理を、チリというアメリカの創作料理を取り込んで作ってしまったのだ。

そして、シンシナティ・チリの登場とほぼ時を同じくして、ミシガン州デトロイトのギリシア系やマケドニア系の移民たちは、パスタではなくホットドッグにチリをトッピングしたチリドッグを始める。その動きは別の地域ではハンバーガーにも広がり、チリバーガーが登場した。現在ではチリは、ホットドッグやハンバーガーの典型的なトッピングの一つだ。

テキサスの創作メキシコ料理であったチリは、ギリシア系移民の手を介して、ドイツ系の食文化を重要な起源とする食べ物とこうして融合した。チリは、スープからトッピングへと変身を遂げるとともに、フィンガーフードのバリエーションを強化した。異なる民族集団の持つアイデアが次々に重ねられることで、アメリカの食べ物は、創作料理／混血料理としての性格をさらに強めていったのである（最近ではチリの用途はさらに増え、ご飯の上にチリをかけたチリボウルも見かけるようになった）。

新たなるクレオール化と食の標準化

このように、一九世紀後半に登場してきた移民たちの食品産業への参入は、アメリカの食文化の多様性をさらに強化する側面を持っていたといえる。特定の民族集団の食習慣がそれ以外の集団に広まることによって、新たな創作料理が生まれたり、すでにアメリカに存在した食べ物が別の意味づけをされて新たな形で応用されるといった現象は、植民地時代にこの国が経験した混血料理や創作料理の伝統に通ずる。いわば、アメリカの食の歴史において、ここにクレオール化の第二期が到来したと見ることができる。

また、移民たちは、穀物や食肉といった、食品産業の主要部門には入り込めなかったために、むしろ、調味料や惣菜といった分野に進出していった。従来の混血地方料理と全国共通の飲み物に加えて、創造性豊かな調味料や惣菜が加わったという点でも、アメリカの食文化の多様性は強化されたといえる。

しかし、その反面、エスニックフードビジネスの成功は、アメリカの食文化に標準化の波を引き寄せつつあった点も見逃せない。ハインツの成功も、デリの普及も、ハンバーガーの人気も、もの珍しさという面以外に、利便性という要因があった。家庭で漬物を漬ける時間や調味料を作る手間を省き、簡単に外でも食べられる新たな食品の開発に貢献した移民たちのエスニックフードビジネスは、自家製のものからレディーメイドな食品への移行を加速し、時間と手間をかけずに済む効率的な外食産業への道をも手繰り寄せていた。食の多様化の背後では、同時に食の利便性の追求によって食の標準化も進みつつあったのだ。創作エスニックサンドイッチの相次ぐ登場は、こうした新たな混血料理化がフィンガーフードという形での食の利便性の追求と同時進行していた結果であった。実際、ハインツの主力商品となったピクルスとトマトケチャップは、後に訪れるファーストフード時代の主力商品たるハンバーガーに欠かせないものとなる。ハンバーガーがファーストフードの象徴的存在となっている事実は、クレオール的創造力が利便性や効率の追求へと変換されていった結果を物語っているのだ。

しかも、様々な具材の組み合わせをパンに挟み込むという創作エスニックサンドイッチの発想は、一度に多種類の栄養素を効率よく摂取する方法でもあった。それは、炭水化物と蛋白質と野菜を同時に手で食べられるものだったのだ。西洋料理のコースメニューでは、スープ、サラダ、主菜といった形で、野菜なり肉類が主役となる料理が分かれているわけだが、創作エスニックサンドイッチは、いわばコースメニューのどのカテゴリーにも属さない、オール・イン・ワン的な食べ物という意味でも高い利便性を持っていたのである。

産業社会への移行とともに成長を始めたエスニックフードビジネスは、アメリカならではの食べ物を作り出し、多様性を強化したように見える一方で、ファーストフードに代表される食の効率化・標準化への道をも準備することになったといえる。移民たちのエスニックフードビジネスは、時間と効率を重視する産業社会の申し子としても生まれてきたのであり、食の多様化と食の効率化・標準化が錯綜する事態の行き着いた先こそ、ファーストフード時代であると考えることができるのである。

2 コカ・コーラの数奇な運命——健康食品市場の登場と変質

労働形態の変化と食事の危機

産業社会の到来が、新たな食品ビジネスのチャンスだと気づいたのは、移民たちだけではなかった。農業社会から産業社会への移行は、人々の労働形態や生活時間、ライフスタイルなど、生活の根本を揺さぶる出来事であった。それゆえ、食習慣においても、新たな需要を掘り起こせるのではないかと考えた人々がいた。移民たちがエスニックフードを出発点として起業していったのに対し、まったく違う観点から隙間市場への参入を試みた人々がいたのだ。それは、今日でいう、健康食品というべき分野であった。

産業社会への移行に伴って健康食品というべきものが求められるようになった背景には、労働形態と食事の位置づけが変化しつつあったことが関係している。農業社会から家内制手工業の時代にあっては、仕事場と住居は一体化していた。そこでは、何時から何時までどういうペースで働くかは、個人の裁量で決めることがある程度可能だった。ところが、工場労働や事務処理作業・営業活動を軸とする産業社会の労働形態は、決まった時間に決まった場所へ出向いて働かなければならない。そこでは、働き方を個人が勝手に決められる余地は少なく、会社や相手の都合に合わせて通勤しなければならない。つまり、仕事の場所、時間、ペースなどは、かつては個人の裁量で決められる範囲が大きかったが、産業社会になると、個人の方が様々な外的条件に合わせて働かなくてはならなくなる。

このような労働形態への移行は、食事をいつ、どのように取るかという問題へと波及してくる。通勤時間という、それまでカウントしなくてよかった時間が新たに入ってくると、それだけ生活時間は圧迫される。とすれば、食事の準備や後片付け、実際の食事時間などを全体的に圧縮していかざるをえなくなってくる。また、仕事のはかどり方や相手の都合次第では、食事の時間が不規則になる可能性もでてくる。つまり、産業社会への移行は、より少ない労力で、いかに確実に食事を取るかという、それまでの時代にはほとんど考えなくてもよかったような問題と向きあわざるをえない状況を作り出したのである。

都市の生活環境の悪化と体力低下への懸念

このように、産業社会への移行によって、今までのように食事を取ることができるのかという漠然とした不安が社会に生まれつつあった。そうした不安は、産業社会に伴う都市化がもたらした環境の悪化によって、健康不安へと発展していく。

アメリカでは、南北戦争後、急速に工業化が進んだ結果、都市のインフラ整備が人口増加になかなか追いつかなかった。下水道の整備が遅れ、都市で伝染病が蔓延する事態にしばしば見舞われた。それゆえ、都市の衛生状態がよくない中で十分な食事を取れないとすれば、たちまち病気で命を落としてしまうことになるかもしれない、という不安は一定の切迫感を持つことになったといえる。したがって、病気にならないためにも、食事をきちんと取り、病気に打ち勝つだけの体力を養い、産業社会を生き抜けるように身体を最適化することが、次第に産業社会の人々の関心を集めていったのである。他方、この潮流はスポーツの効用をめぐる議論にも波及し、産業社会の健康不安は、アメリカ型競技の誕生やこの国独特のスポーツ文化の発展の重要な端緒となるのだが、それについては拙著『スポーツ国家アメリカ――民主主義と巨大ビジネスのはざまで』（中公新書、二〇一八年）を参照されたい。

薬に依存する社会と健康食品起業家の登場

食事にかけられる手間や時間が脅かされ、一方では、体力の低下に対する危機感が募ってくると、より健康的で効率的な食への需要が増してくる。そうした食品では、高級感やもの珍しさといった要素は重要ではなく、むしろ、それが体の調子を整えたり、病気を予防する効果があることが肝心だった。こうした健康食品は、いわば薬のような食べ物というべき存在であったが、こうしたコンセプトが人々に受け入れられる余地は十分あった。なぜなら、当時のアメリカでは、薬への依存度が大きかったからだ。

一九世紀後半の段階では、医者の数がまだ少なく、病気の時に医者にかかれる人々は、都市の富裕層に限られていた。農村部の人々は、医者にかかれるようなことはほとんどなく、たいていは薬を購入して自宅療養するのが一般的だった。実際、製薬会社は、当時最大の広告媒体であった大衆雑誌の重要な広告主となっていた。また、怪しげな薬を売るビジネスも横行していたようだ。

したがって、病気になってから薬を飲むのではなく、普段から薬のような効果を発揮する健康食品を口にしようという発想は、合理的に思われた。そうすれば病気にならず、薬を買う必要がなくなるからだ。問題は、いかにそうした健康食品の効能を科学的に証明し人々を納得させるかということと、製品をいかに安価に供給し浸透させるかということだった。こうして、科学と経営術を駆使した、新たな食品市場というべき健康食品市場が登場してきたのである。これによって、とりわけ大きな変化が生じたのは、朝食と飲み物の領域であった。

シリアルの発明とケロッグ社

今日、アメリカン・ブレックファーストという言葉は、かなりがっちりした朝食を意味している。ヨーロッパ大陸の朝ごはんが、コンチネンタルといって、菓子パンやクロワッサンにジュース、コーヒーといった三点セットからなる簡便なものなのに対し、アメリカン・ブレックファーストでは、卵料理やソーセージ、ベーコンなどの肉料理も付く。しかし、こうしたがっちりした朝ごはんを多くの人々が食べていた時代は、実は西部開拓時代のことであって、今日のアメリカ人がみなこういう朝食を取っているわけではない。

植民地時代、アメリカ人の朝食は概して簡便だったが、一九世紀の西部開拓時代になると、農作業のために、朝をがっちり食べる習慣が定着してくる。朝から体力が必要だし、昼間は外にいるので、満足に食事が取れないこともありうるからだ。ところが、一九世紀後半に産業社会へと移行したアメリカでは、都市化が進み、会社や工場ではあまり体を動かさず、農作業と違って座ったままの仕事をする人々が増えてくる。そのような人々にとってアメリカン・ブレックファーストは、通勤時間を考えると支度が大変だった上に、朝食を取りすぎることになってしまうという問題があった。

現に産業社会への移行とともに、消化不良を訴える人が増えていく。一九世紀後半のアメリカ人の病気で非常に大きな割合を占めていたのは、消化不良（Dyspepsia）であった。それゆえ、消化にいい朝食をどう取るかという問題が浮上してきたのである。これに取り組んだ人物が、ジョン・ハーヴィー・ケロッグ（一八五二〜一九四三）であった。

彼は、セブンスデイ・アドベンティストというプロテスタントの新興宗教の熱心な信者で、医学を専攻したあと、ミシガン州のバトルクリークで、水治療の施設を経営するようになる。水治療とは、今日でいうスパのようなもので、入浴と食事療法を組み合わせたものであった。

その施設でケロッグは、歯で噛む力が弱っている患者に、健康な食事をどのように提供したらよいかを考え始める。彼が信者だった宗派は、贅沢を戒め、健康な体を維持するために菜食主義を奨励していたので、ケロッグは、そうした患者用に、低脂肪で食物繊維を多く含むような、穀物をフレーク状にしたやわらかい食品を新たに考案する。それが、一八九四年に試行錯誤の末に作られたシリアルであった。最初は小麦から作ったが、程なくトウモロコシから作ったコーンフレークを製品化する。この方が美味しいと好評だったらしい。そして、食物繊維を豊富に含み、かつ、簡単に食べられるという点で、これは一般の人の消化不良の予防にも役立つのではないかと考え始める。

ケロッグは、各地に講演に出かけ、医者の立場から、過剰な朝食を避けて、コーンフレークを朝食に取れば、食物繊維のおかげで便通がよくなり、消化不良を避けられることを説いて回る。ケロッグ自身は、ビジネスにはあまり関心はなく、コーンフレークの生産は専ら弟が仕切り、その会社は、今日まで続くシリアルメーカーのケロッグ社となる。

シリアルは、消化不良を防ぎ、短時間で朝食を済ませたいと考えていた産業社会の人々のニーズに見事に合致した。ケロッグ社のシリアルは、健康食品としてはアメリカで本格的に大量生産された最初のものといえる。病気を予防しつつ、産業社会のせわしない生活リズムにも適合した新たな朝食は、食べる薬という新たなマーケットの登場を象徴していた。

コカ・コーラ社と清涼飲料産業の成立

産業社会とともに高まってくる健康志向は、シリアル以外にも新たな食品をアメリカ社会に定着させた。それは、清涼飲料であった。今日、清涼飲料は、健康食品とはみなされていない。むしろ、糖分やカロリーの取りすぎという観点から不健康であるとさえ考えられている。ところが、そもそも清涼飲料は、健康食品として開発されてきた歴史がある。

西洋世界では、安全な飲料水を確保することに昔から苦労してきた。そのため、飲料水が十分確保できない場合に備えて、その代替品となる飲み物が考案されてきた。その代表的なタイプの一つが、ルート・ビアという飲み物である。これは、元来は本当にビールで、植物の根を発酵させて甘い味付けをしたものだったが、現在ではノンアルコール飲料になっている。

このように西洋世界では、飲料水代わりにアルコール度の低い飲み物を活用してきた歴史がある。殺菌作用のあるアルコール入り飲料の方が、不純物混じりの水よりも安全だと考えられていたのだ。ところが、アメリカの場合、ピューリタン的な倫理が世俗化されるにつれ、アルコールへの依存度を低めようとする禁酒運動が一九世紀以降盛んになってくる。それゆえ、アルコール抜きの飲みやすい、飲料水型の食品が求められるようになる。その結果開発されたのが、炭酸飲料だったのである。

炭酸水は、当初は作るのが難しく、最初にアメリカで本格的な製造に成功したのは、ベンジャミン・シルマンというイェール大学の科学者で、一八〇六年のことだった。当初、炭酸飲料は、専ら病気の人が安全に水分を補給する手段とみなされていた。ところが、これは普通の人が飲んでもいいのではないかという考えが広まり、炭酸水に様々なフレーバーを付ける試みが行われるようになる。しかし、炭酸水の製造も味付けも技術的に難しく、それを主に担っていたのは、炭酸水がもともと医療用だったこともあり、薬剤師たちだった。

薬剤師たちは、ドラッグストアという、薬や雑貨、簡単な食品を提供する何でも屋のような店にいて、客の注文に従って薬を調合していた。そうした仕事をしていた人の中から、フレーバーつきの炭酸水を店内で製造し、その場で客に売るという商売を始める人たちが出てくる。その一人にチャールズ・オルダートンという人物がいた。

彼は、一八八五年にテキサス州のウェイコという町のモリソンズ・オールドコーナー・ドラッグストアで、ドクター・ペッパーという炭酸飲料を販売し始め、そのフレーバーが次第に人気を博すようになる。この商品名は、店のオーナーの知り合いのペッパー医師から取ったといわれ、宣伝文句も、おなかの調子を整える飲み物という触れ込みだった。現に、今でも販売されているドクター・ペッパーも非常に薬くさいという印象を持っている人が多いだろう。だが、炭酸水は、もともと病気の人が飲むものだったし、白衣を着た薬剤師が作った飲み物なわけだから、むしろ薬らしい味がすることが肝要だったのだ。

ドクター・ペッパーの登場と相前後して、類似の飲み物は、各地のドラッグストアに出始めていた。しかし、それを普及させるには一つの難題があった。それは、炭酸飲料を瓶に詰めるのが技術的に難しく、店でその場で売るしかなかったことだった。そこで、瓶詰めの技術を発展させれば、より多くの人に販売できると考えた人々は、瓶と瓶詰めの技術開発競争を繰り広げる。この点で次第に優位に立っていったのが、コカ・コーラ社であった。

コカ・コーラは、一八八六年、ジョージア州アトランタの薬剤師、ジョン・S・ペンバートン（一八三一〜八八）が作り出した飲料だ。ヘロイン中毒だった彼は、自らの病を治すためにも体に良い薬の開発を熱心に続け、コカインを混ぜたワインを作っていた。だが、禁酒運動の高まりによって一八八六年にアトランタでアルコール飲料の販売が一時的に禁止されたため、アルコール抜きの新たな飲み物を開発した。その際、従来の製法に、砂糖で甘い味をつけることに成功する。当初コカ・コーラは、神経衰弱や頭痛、二日酔いに効能があるとされていた。

コカ・コーラは、次第に全国規模の人気を獲得するようになるが、その背景には、コカ・コーラ社が瓶詰めのコーラの発売に成功し、しかも、独特のデザインのボトルを開発できたことが大きい。当初コカ・コーラの瓶は薬の瓶のような牛乳瓶型だったが、一九一六年には流線形のモダンなデザインに切り替えられた。瓶だけでわかるような飲み物は、それまでなかった。そして、コカ・コーラ社は、ボトルを広告に効果的に用いて、清涼飲料市場に君臨する。

だが、コカ・コーラ社の成功には、もう一つの要因があった。それは、瓶詰めの権利を本社から切り離したことである。コカ・コーラ社は、レシピを門外不出にし、原液の製造を独占する一方、それを薄めて瓶詰めにする権利を各地の業者に販売したのだ。現在にも引き継がれて

コカ・コーラのボトルの変遷　ジョージア州アトランタにあるコカ・コーラの博物館、ワールド・オブ・コカ・コーラの展示では、ボトルの変遷を紹介している。それまでの瓶の形の常識を打ち破る、流線形のスマートなデザインの登場は、当時かなりのインパクトがあったのは間違いない

いる、一種のフランチャイズ制ともいえるこのシステムは、各地にこの製品を爆発的に普及させることに成功した。また、コカ・コーラ社は、一九二三年には6パックという、半ダースを一度にまとめて購入できる方法を導入したり、自動販売機の設置を進め、どこでも簡単に飲めるよう利便性の向上に努めた。価格も、一九五〇年代半ばまで一本わずか五セントであった。

もっとも、コカインを少量ながら用いていたことに対しては、中毒症状になるのではないかとの批判が起こり、一九〇三年以降、コカ・コーラはコカイン成分抜きで作られるようになる。コカ・コーラ社へのこうした批判は、健康志向が転じて食品の安全性へと人々の意識が拡大していったことと関係があるのだが、産業社会への移行と食の安全の問題は、あらためて次節で言及する。

このように、アメリカにおける炭酸飲料は、そもそも炭酸水が病気の人の飲み物であったことや、製造に薬剤師が深く関わり、当初はドラッグストアで売られていたことから、飲む薬としての性格を持っていた。

また、西洋世界では、安全な飲料水がなか

なか確保しにくかったために、ルート・ビアなどの低アルコール飲料が飲まれていたわけだが、清涼飲料は、禁酒運動の高まりを受けて、アルコールからノンアルコール飲料への転換を求める社会的潮流の中で生まれたともいえる。その意味では、清涼飲料は、薬であると同時に、アルコールの代用品というべき存在といえる。

こうした歴史は、飲み物の名前にも痕跡を止めている。例えば、コカ・コーラ社と並ぶコーラメーカーにペプシ社があるが、この名称は何とも不思議だと思ったことがある人が少なくないはずだ。実は、ペプシという名称は、ペプシンという胃の酵素に由来する。つまり、消化不良（ディスペプシア）を助けるというイメージがそのまま会社名になっているのである。また、ジンジャー・エール（直訳すれば生姜ビールだがアルコールは入っていない）という名称も、植物の根を使用した低アルコール飲料であったルート・ビアに代わるノンアルコール飲料が求められてきたことの帰結を象徴する名称といえよう。炭酸飲料がソフトドリンクと称されるのも、アルコールの入ったハードな飲み物に代わる存在だからなのだ。

そして、清涼飲料は、一九二〇年に禁酒法が施行されると、文字通り酒に代わる飲み物としてアメリカ社会の代表的な飲み物としての地位を確立することになる。今日では、コカ・コーラ社もペプシ社も、多国籍企業となり、世界中でビジネスを展開している。

健康食品とファーストフードの意外な関係 102

一九世紀後半から二〇世紀初頭にかけては、人々の健康志向を背景に、シリアルや清涼飲料といった新たな食品が登場し、アメリカの食生活に大きな存在感を示すようになった。こうした食品は、食べる薬、飲む薬という顔を持っていた。

日本では、薬と食べ物とはまったく別のものと考えられてきたし、売られている場所も別々なのが普通だった。しかし、アメリカの場合、ドラッグストアという、薬と食べ物の両方を扱うタイプの店が存在したこともあり、薬と食べ物との境界線は実際には必ずしもはっきりしていなかったといえる。こうした薬と食べ物との近接性は、アメリカでは今日でも健在だ。それは、ドラッグストアで売られている大量のビタミン剤やサプリメントに痕跡を止めている。その意味からすれば、産業社会への移行とともに浮上してきた、身体の最適化への欲望は、いまだにアメリカの食習慣に影を落としているといえる。

しかし、ここで見落とせないのは、ビッグビジネスになるにつれ、シリアルも清涼飲料も、むしろ、その手軽さの方が注目されるようになっていったという点である。シリアルは、確かに健康的な朝食であるが、人々がそれを食べる理由は、時間がかからないという点にも大きく起因している。つまり、身体を最適な状態に持っていく上で、消化にもよく、時間の節約にもなるとか、パンを焼く時間も必要なく、皿に移して牛乳をかけるだけですぐに朝食を済ませられるといった利便性こそ、シリアルのヒットにつながった。

また、瓶詰めされた清涼飲料は、持ち運びしやすく、どこでも簡単に手に入る便利な飲み物だった。コーヒーや紅茶が、豆をローストしたり、挽いたり、色が出るのを待たなければならなかったりするのに比べ、瓶詰めされた清涼飲料は、すぐその場で飲める。しかも、おなかの調子を整えてくれるとなると、便利な上にありがたい存在であった。つまり、シリアルも清涼飲料も、身体を最適化する効果があるとされた上に、そのための時間と労力を節約できることが大きな魅力だったのだ。

このように考えてみると、エスニックフードビジネスが食の多様性を強化したように見えて、一方では食の標準化を促していた背景にも、実はそれが時間と労力の節約という、産業社会の論理に密かに応えるものだったという事情があったのと同様に、健康食品もまた産業社会の需要に合致したといえるだろう。すなわち、それは、ライフスタイルの変化に伴う病気や体力の低下を防ぐとともに、身体を最適化するための利便性を向上させた食品としての性格を併せ持っていたのであり、スピードと利便性を求める産業社会の論理に見事に適合していたのである。

その意味からすれば、産業社会の求めるスピードと利便性を極限まで追求することで後に生まれてくるファーストフード産業において、エスニックフードビジネスが作り出したピクルスやトマトケチャップと、コーラに代表される清涼飲料が重要な構成要素として取り入れられているのは、決して偶然ではなかったといえる。これらは、利便性の向上や時間の節約を達成した技術革新の賜物だったのだ。しかも、コカ・コーラ社のフランチャイズ的な運営方式は、後のファーストフード業界の基本モデルとなるフランチャイズ方式とも類似していた。

しかし、同時にここで注目しなければならないのは、そうしたスピードや利便性、収益性を重視した顧客の獲得競争は、清涼飲料の健康食品としてのルーツを次第に後景へと追いやっていったという点だ。薬としての効能を科学的に証明することには、様々な労力が伴う。そこで、清涼飲料業界は、飲むと気分爽快に「すっきりする」(Refreshing)という、科学的にはあやふやな、むしろ人々の感覚に訴える戦術で販売促進を目指した。実際、清涼飲料の広告では、スポーツの後など、一息入れたい時にピッタリの飲料というイメージが強調されてきた。だが、もはや薬としての性格を放棄し、いわばイメージ作戦に転換した結果、実際には糖分を多く含む飲み物であるという事実は埋没していった。

約四五グラムもの砂糖を含む以外に栄養素はほとんどなく、一本あたり一五〇キロカロリーにもなる清涼飲料は、二〇世紀の後半を迎えるまでには大人から子どもまでアメリカ国民が毎日一本は必ず消費する飲み物になっていた。清涼飲料市場の拡大は、もはや人々が日常的な飲み物として受け入れたことを意味しており、薬という触れ込みそのものが不要になったともいえる。健康食品としてのルーツは、「スカッとさわやか」といった広告のキャッチコピーの中に辛うじてその片鱗を見ることができるにすぎない。

エスニックフードや健康食品が、画一化されたファーストフードへ取り込まれていった数奇な運命――。現在のアメリカ社会の食生活で大きな問題となっているファーストフードは、実はそのルーツをたどってみると、今日のような画一化された不健康な食事というイメージとは違った性格を持つ食品の組み合わせからできていることがわかる。しかし、産業社会の能率至上主義は、便利で受け入れられやすい味を低コストで提供することを優先してきたがゆえに、いつしか、多様性と健康志向というルーツは過去のものとなり、専ら速さや利便性や収益性を体現するベクトルが肥大化していったと考えることができる。

健康食品市場としてのルーツを忘れた清涼飲料に依存するファーストフードビジネスが、現在アメリカで様々な健康被害と結びつけて捉えられるようになっているのは、ある意味では当然の帰結といえる。だが同時にそれは、アメリカ社会が食品の安全にどの程度真剣に取り組んできたのかという疑問をも提起している。効率や収益を優先し、健康を二の次にするような傾向を強めていったファーストフードビジネスの登場。食に対する安全意識は、なぜその防波堤になれなかったのか、次にその背景を探ってみよう。

3 食の安全から炊事のルールへ——食肉工場、禁酒運動、台所

金ぴか時代の経験と公共部門の再構築

エスニックフードビジネスや健康食品起業家の登場は、アメリカが本格的な産業社会へと移行した時期と一致していた。だが、急激な工業化は、様々なひずみをもたらしていた。一八七〇年代から八〇年代の産業社会への移行期が俗に金ぴか時代と呼ばれるのも、自由放任主義の

暴走を制御できず、不公正なカルテルやトラストによって巨大企業が市場を独占し、見かけ上の繁栄の背後では、富の偏在によって極端な格差社会が出現していたからであった。それゆえ、それに続く二〇世紀初頭にかけての時代のアメリカは、金ぴか時代の負の遺産を是正しつつ、新たな経済秩序を再構築しなければならなかった。

その際の基本的な考え方は、自由放任主義の限界を見据えて、連邦政府がより積極的に企業活動に介入し、私企業の利益と公共の利益のバランスを回復するという発想だった。したがって、金ぴか時代の負の遺産を清算しようとする規制と改革の流れは、野放図な私権の濫用に歯止めをかけて公共の秩序を強化するという方向性を自ずと持つことになったのであり、公共部門の再構築へとアメリカが着手したことを物語っていたといえる。

不正の告発と安全意識の高まり

「公」の重要性の浮上は、環境保護運動や公衆衛生運動など、公共空間の改善を目指す運動がこの時期に盛んになった点にも反映されている。そして、それは、反社会的な不正を糾弾する動きをも活発化させた。

このことは、プログレッシヴィズムという中産階級主体の改革運動における、マックレイカーズと呼ばれたジャーナリストたちの活躍にも表れている。彼らは、企業の不正を暴露記事として雑誌に掲載し、公共心に乏しい企業を社会的に孤立させていく大きな原動力となった。企業の横暴な姿勢は、労働者の労働環境の劣悪さに顕著に表れていたが、それには賃金の安さだけでなく、職場の安全性をめぐる問題が含まれていた。

一連の問題を告発するに当たってジャーナリストたちが注目したのが、大資本に押さえられた食肉工場だった。そこでは、巨大資本の横暴さと職場の危険性が顕著に見られただけでなく、そこで生産される食品はまさに家庭に直結する商品であり、世間の関心を引くのは間違いなかった。こうして、反食肉業界のキャンペーンが激化していったのである。

格好の攻撃対象としての食肉産業

食肉産業は、金ぴか時代の独占資本の弊害が最も顕著に見られた分野の一つだった。実際、食肉産業は、現在でも一九世紀末の独占資本の痕跡が完全には消えていない分野の一つといえるだろう。現にアメリカには、日本でいう小売店としての肉屋はほとんどない。スーパーマーケットの中に精肉部門はあるが、商品の大半は大手の食肉加工会社から供給されるパッケージ化された肉であり、独立系の精肉店は町中にほとんど存在しない。

食肉業は、大量の家畜を放牧地から都市部の工場に輸送し、加工された食肉を鮮度の落ちない内に各地に配送する必要があった。それゆえ、食肉業は鉄道会社との関係を強化しようとしていた。その結果、食肉業界では、同業種間の水平的統合もさることながら、異業種である輸送関連業との垂直的統合が進んだ。小資本の企業は、こうした流れに太刀打ちできず、廃業や吸収合併を余儀なくされた。こうした中、シカゴを拠点とするフィリップ・ダンフォース・アーマー（一八三二～一九〇一）は、食肉業界の頂点を極める。

彼は、後にヘンリー・フォードが自動車の生産に利用したような流れ作業を食肉加工ラインに導入して、早くから作業の効率化に取り組むと同時に、冷蔵車を大量に保有（一九〇〇年までに六〇〇〇両も製造）した。その結果、鉄道会社も彼の会社の製品を優先的に扱うようになる。シカゴは、東部と西部との中継点で、各地への鉄道が延びていた交通の要衝であったため、アーマーは、他社を圧倒するシェアを獲得する。

しかし、食肉業界が寡占状態になり、他社との競合関係から脅かされなくなると、次第に経営努力が失われ、職場の安全対策や衛生管理への意識が低下していく。食肉工場では、肉を切り分けるために刃物を使うため、それ自体が危険な作業だったことに加え、流れ作業は、労働者の体調にも悪影響を与えた。食肉工場の臭気はすさまじく、立ったままの作業は体への負担が大きかった。また、作業場を清潔にする前に次の塊が流れてきてしまうこともあるため、汚物の処理が不十分なまま、次の工程に回さざるをえないこともあった。

このように、食品と輸送の垂直的統合によって巨大化した食肉会社は、労働者を低賃金で搾取する一方、安全管理や衛生管理への意識が低く、必ずしも安全とはいえない製品を世間に供給しては、ライバル会社が少ないのをいいことに、莫大な利益を上げていた。こうした姿は、企業の横暴を許し、公共の利益が蝕まれていった金ぴか時代の弊害の象徴にほかならなかった。

食の供給をめぐる問題は、こうして金ぴか時代の負の遺産を清算しようとした規制と改革の時代の重要な争点となる。そして、食肉工場の実態が知れわたるにつれ、それは、法律で食品の安全を守り、食の秩序を確立しようという流れを作り出していった。

食品規制の法制化と禁酒運動

規制と改革の時代における食品安全の法制化の象徴的存在となったのは、一九〇六年の純正食品・医薬品法と食肉検査法（Pure Food and Drug Act, Meat Inspection Act）であった。これらの法制化は、食肉産業に対する社会的反発の産物といえるのだが、その立役者となった勢力は、主として二つあった。一つは前述したジャーナリズム、もう一つは、食習慣の規律を提唱してきた団体である。

この法制化の直接の引き金となったのは、マックレイカーズの一人で、ジャーナリスト兼作家のアプトン・シンクレアがある雑誌に掲載していた、食肉工場をめぐる連載小説だった。彼はそれを一九〇六年に『ジャングル』という本にまとめる。これは、シカゴの食肉工場で搾取されるリトアニア系移民の家族の話だ。食肉工場の過酷な労働条件の下、低賃金で働く夫は、工場で足を挫いて首になり、妻は上司に犯されてしまう。怒った夫は上司を殴りつけて逮捕され、世間に戻るや、今度は妻が難産の末に死に、子どもも死んでしまう。何とも救いのない物語である。しかし、この小説が大反響を呼んだ大きな理由は、労働者たちの悲惨な生活実態とともに、食肉工場の目に余る不衛生さが暴露されていたからであった。食べ物が危険かつ不衛生な現場で作られていることに衝撃を受けたアメリカ社会では、急速に食品の安全を法制化する動きが高まったのである。

しかし、これ以前に食の安全の問題を提起していた人がいなかったわけではない。むしろ、この小説は、法制化を求める動きのいわばダメ押し的な最後の一撃というべき位置にある。実は、当時食品の安全に対して敏感だったのは、女性たちの禁酒運動の団体だった。とりわけ、一八七三年に結成された女性キリスト教禁酒連合（Woman's Christian Temperance Union）は、多くの直接行動で有名になる。なぜ、禁酒運動の団体が食の安全にまで関心を示したのか、しかも、それがなぜ女性の団体だったのかということの背景を理解するためには、当時の女性の置かれた立場について把握する必要がある。

アプトン・シンクレアの『ジャングル』の宣伝ポスター　アメリカ版『蟹工船』のようなこの小説が、食の安全基準の強化を求める世論を決定的にした

農業社会から産業社会への移行は、職場と家の分離を促進した。その結果、男が外で働き、女は家庭で家事をすべきだという、男女の役割分担の発想が強まってくる。それに伴い、理想の女性像としていわゆる良妻賢母のイメージが作られ、

妻は夫に経済的に従属しつつも、外で働き疲れた夫を癒やし、家族のために尽くす存在として規定されていくようになる。

ところが、家庭の中に閉じ込められることに反発を感じる女性たちもいた。そうした女性たちは、男主導の社会にあって、自分たちも何か家庭以外に社会に貢献できる場がほしいと考えていた。また、産業社会の理想の女性像は、女性に経済的従属を強いる一方で、女性を男よりも道徳的に優れた存在として理想化し、男たちよりも治癒力を持った存在のように崇める側面があった。とすれば、女性たちは、社会改革の担い手となる潜在的能力を持っていることになるわけで、女性が社会運動に参画すること自体は、産業社会の女性像と決して矛盾しないことになる。

そこで、家庭の外で活躍の場を探していた女性たちは、良妻賢母として経済的に従属する立場を一方では受け入れつつも、社会改革運動に生きがいを見出していく。その際、男性よりも主導権が取れる場として女性たちが結集していった代表的な領域が、禁酒運動だった。

禁欲主義的なピューリタニズムの伝統を持つアメリカでは、以前から禁酒運動は一定の存在感を持っていた。しかし、産業社会への移行とともに都市に人々が流入すると、低賃金労働者の数少ない楽しみとして、酒場の数も増えていった。そこで女性たちは、酒におぼれる男が増えると、それが家庭や職場の双方に悪影響を与えるとして、禁酒運動の強化に乗り出した。酒を飲む人々は圧倒的に男に多かったため、宗教勢力を除けば、一般の男性が禁酒運動を組織することは非常にまれだった。それゆえ、禁酒運動は、女性が自ら運動を組織し、自由に活動できる社会運動としては格好の舞台となったのである。

女性たちは、ただ酒をやめろと男に言うだけではあまり効果はないとわかっていた。そこで、産業社会への移行とともに広まっていた人々の健康不安と禁酒の必要性を結びつけることで支持拡大を目指した。それには、アルコールのような依存症のリスクや健康を害する恐れのあるものを規制する一方、再び男が酒に戻っていくのを防ぎ、健康を増進するために、社会の食生活全体を健全なものに変えるという両面作戦が必要だった。つまり、禁酒運動は食の変革と連動すべきであって、社会全体での禁酒の実現には、安全な食品だけを流通させるという発想が不可欠だと考えていたのだ。それゆえ、食生活全体の改善を視野に入れていた女性たちの禁酒運動は、食品の安全にも強い関心を示していたのである。

こうして、女性たちの禁酒運動が食の安全の問題にも積極的な関心を示していたという下地があったところへ、アプトン・シンクレアによる暴露本が出た結果、セオドア・ローズベルト大統領の強力なイニシアティブの下、連邦議会は、食品の安全を急遽法制化したのだ。これらの法律によって、食品に含まれる成分の不当表示が禁止されたり、食品添加物が規制されたほか、食肉の安全を確保するための検査基準が強化された。

それから一四年後の一九二〇年、女性たちの禁酒運動は、まさに所期の目的を達成する。禁酒法の施行である。しかし、酒の製造販売をすべて禁止したこの法律は、巨大な近代国家では考えられないような実験であり、実際、一九三三年にこの実験は失敗に終わった。女性たちの禁酒運動は、食の安全の部分では一定の成果を上げることができたが、それと連動したいわば本丸として彼女たちが位置づけていた部分では、実は後退を余儀なくされる。彼女たちが考えていたように、食の安全と禁酒とが相互補完的な関係にあるとしたら、禁酒法の廃止は、同時に食の安全意識の後退という事態につながってしまう可能性があった。

現に禁酒運動は、次第に意味づけが変化しつつあった。当初、これは、生活改善運動として、公共の福祉を促進することが強く意識されていた。しかし、第一次世界大戦の勃発に伴う愛国主義の高まりは、移民に対する宗教的・人種的不寛容を広め、敵国ドイツからの移民への敵意や彼らが飲んでいたビールに対する悪いイメージを掻き立てた。また、一九二〇年代の物質的繁栄が保守派の反発を招き、保守的価値観への回帰の流れも強まった。その結果、禁酒も、生活改善というよりは、排他意識やピューリタン的な禁欲的倫理観の実践との結びつきを強めていった。

もっとも、禁酒法は事実上のザル法で、人々は潜り酒場で酒を日常的に飲んでいた。禁酒法が頓挫し、一九三〇年代にはニューディールという形で経済復興と公共部門の強化へと再び向かったアメリカでは、保守的な価値観が猛威を振るうような状況もやがて一段落する。だが、禁酒を食生活全体との連動性の下に考える発想は、禁酒運動が生活改善運動から変質し、最終的に禁酒法自体が廃止された結果、次第に埋没してしまった。

代わりに女性たちがさらされることになったのは、男たちが外で酒浸りになるのを防ぐ有力な防波堤が家庭で安全な食品を提供することにあるのだとすれば、それは一体誰がどう作るのかという問題だった。こうして、食の安全の問題は、生活改善を意識した禁酒との関連性よりも、むしろ、炊事をめぐるルールへと争点が次第にずれていくことになる。

台所の進化

食の安全よりも、家庭での炊事がどうあるべきかという観点へと、二〇世紀前半を通じて争点がシフトしていった背景には、食の安全と連動していたはずの禁酒運動自体が先細りになったこと以外にもいくつかの要因が絡んでいた。

一つは、一九二〇年代の経済的繁栄の中で、家庭用の電化製品や衛生グッズが普及したことが挙げられる。例えば、トースターなどの調理器具や家庭用冷蔵庫の登場、流し台や排水設備の性能の向上などである。こうした、食品を調理する側の、いわば台所の近代化が一九二〇年代を境に飛躍的に進んだことは、一方では食品を供給する側の安全基準に対する関心を低下させた。つまり、台所が清潔で食べ物が保存できるようになったため、食べ物は安全だという錯

冷蔵庫の広告　女性向け雑誌『グッド・ハウスキーピング』に1929年に掲載された冷蔵庫の広告。新製品たる冷蔵庫を管理するのは主婦の役目という暗黙のメッセージは、良妻賢母の伝統的女性観を強化するものだった

覚に人々は陥ったのである。人々の関心は、食品を規制することよりも、こうして新たに整ってきた台所という装置をどのように活用するかという点に移っていった。

広告産業の発展と理想の主婦像の強化

台所の進化を促進したのは、新製品の広告媒体となった大衆雑誌や一九二〇年代に普及し始めたラジオだった。新製品を売り込む側は、こうしたマスメディアを使った広告戦略に力を入れるようになり、ここに広告業界が発展することになった。その際、広告業界は、台所の新製品は主婦の手間を省き家庭を幸福にするというメッセージを前面に出して商品を売り込んだ。台所の新製品が家庭に一気に普及したことは、それだけこうしたメッセージが社会に浸透した様子を物語っていた。

しかし、同時にそれは、台所の新製品を扱うのは基本的に主婦の仕事であり、主婦たる者はこれらを使いこなして家庭の炊事に責任を持つべきだという考え方を暗黙の前提としていた。こうした、家族のために尽くす女性という主婦像は、産業社会への移行以来強まってきた伝統的な女性イメージであり、一九二〇年代の保守化傾向とも符合していた。

もっとも、近代社会の理想の女性像には、経済的従属を強いる一方で、女性の道徳心の高さを認め、女性の社会変革への参加を容認する部分もあった。だからこそ、女性は禁酒運動で主導権を握れたのである。ところが、次々に新製品が開発され、それらを使いこなすことに女性たちは忙殺され始める。次々に新しい製品が広告に載ると、買い換えていかないと時流に乗り遅れるのではないか、主婦としての責任を果たしていないのではないかという強迫観念が生まれた。次第に女性たちは新製品を使いこなして家庭を切り盛りすることに手一杯となり、家庭の外で社会活動をする余裕を失っていく。新製品によって家事の負担は軽減されたように見えて、新製品でいろいろなことができるようになると、それを一通りこなせないと主婦として失格ではないかという感覚に支配され、かえって家庭に埋没していくという、矛盾した構図がここに出現したのである。

規範としてのクックブック

これに追い討ちをかけるように、台所用品が整ってくると、それらを駆使した料理本が登場してくる。台所の新製品の多くは、親の世代には普及していなかったものであり、それをどう有効活用するか、いわばアドバイザーとなるものが求められていた。その役割を担ったのがクックブックだった。それは、台所用品を使った料理のあり方をめぐる新たな規範を提示した。

レシピや道具の使い方、どういう料理がどんな時に相応しいかなどのアドバイスは、これを実践するのが主婦として当然だという暗黙のプレッシャーを含んでいた。

家族のために尽くす女性というべき伝統的な理想の女性像は、台所の進化とともにむしろ強化されていった。かつて女性たちは、家庭に埋没することへの嫌悪感から、禁酒運動という活躍の場を見出し、食に対する安全意識を向上させる重要な起爆剤となった。しかし、彼女たちの本来の目標であった禁酒運動が空回りを始める中、食の安全という供給側の問題点は次第にかき消され、台所の進化とともに、かえって女性たちは家庭で理想の主婦を演じる道を突き進まざるをえなくなっていった。

かつての食肉工場への攻撃は、公共部門の再構築を目指した、規制と改革の精神を反映していた。しかし、それに一役かった女性たちを待ち受けていたのは、女性の社会参加をむしろ阻むような食の規範の登場であった。家庭の外に出て食の安全を確立し、社会変革の一翼を担おうとした女性たちが、今度は炊事をめぐる新たな規範によって逆に家庭に縛りつけられることになったのは、皮肉な展開である。と同時に、その過程でアメリカ社会は、食の供給側に対する監視の目を緩めてしまうことになったといえる。

食をめぐる規範の舞台が、供給側の安全基準から、新しい台所の活用術へとシフトしてしまったことで、かつては旺盛だった食への安全意識は低下していった。効率と収益優先のあまり、健康面への配慮を欠いたファーストフードが戦後台頭していった背景には、食品規制の重要な推進力だった女性たちの社会改革運動の失速も関係していた。

4 自動車時代の外食――利便性・収益性追求の終着点としてのファーストフード

南北戦争と缶詰の普及

産業社会への移行とともに登場してきた食の変革をめぐる動きは、皮肉な側面を持っていた。エスニックフードビジネスは新たなるクレオール化を推進したように見えて、利便性の高い食品を増やす結果となった。一方、規制と改革の時代には非常に高いレベルにあった食の安全性に対する意識は、いつしか台所活用術への関心に取って代わられた。こうした一連の経緯は、効率と収益を最優先し、規格化された食を提供するファーストフードビジネスが成長する条件が次第に整いつつあった様子をうかがわせる。

しかし、ファーストフードビジネスは、二〇世紀前半の段階では、まだ発展途上であった。コスト第一の新たな外食産業の成立を後押ししたもう一つの要因は、食品自体の利便性の向上や消費者の食に対する安全意識の低下とは異なる次元にあった。それは、本来なら食事が取れないような場所でも食事をしたいというニーズであった。これこそ、ファーストフード時代を到来させることになる、もう一つの重要な因子となるのである。

どこでも取れるような携帯食に対する関心は、実はアメリカでは産業社会以前からあった。

そうした食事への関心が高まった重要な背景の一つも、やはり南北戦争であった。

南北戦争以前のアメリカでは、缶詰の食品はほとんどなかった。ところが、南北戦争が勃発すると、戦場に食糧を届けたり、行軍する兵士に携帯食を持たせる必要が生じたため、缶詰食品への需要が一気に高まる。戦場で缶詰が重宝されたことから、南北戦争後も缶詰食品は人気を博し、生産量も激増する。一八六〇年代初めには年間五〇〇万個の缶詰がすでに作られるようになっていたが、一八八〇年代には三〇〇〇万個以上もが生産されるようになる。こうした一九世紀後半の缶詰の需要を支えることになったのが、西部開拓であった。

西部開拓とチャック・ワゴン

南北戦争の終結は、西部開拓の追い風となった。新天地を求めて長い距離を移動する人々にとっても、また、牛を放牧して鉄道の駅まで送り届けるカウボーイたちにとっても、野外で炊事をすることは日常茶飯事だった。缶詰食品はその際の強い味方だった。そして、そうした缶詰食品を有効に使いながら、野外でも調理ができる移動式の機材が開発される。それが、チャック・ワゴンとよばれるものだった。

これは、チャールズ・チャック・グッドナイト（チャックは愛称）が一八六六年に考案したもので、馬車の荷台を改造して、折り畳み式の調理台やテーブルと、食器や燃料、食糧を収納する棚を装着した、いわば移動式台所であった。調理台を開けば、どこであろうと簡単に調理ができる。とりわけ、これはカウボーイたちに愛用され、この装備で簡単に作れる料理がカウボーイ料理になっていく。それは、俗に「３Ｂ」と呼ばれる、ビーフと豆（ビーンズ）とパン（コーンブレッド）であった。そして、彼らが大いに活用したのが、豆やトマトの缶詰や、コーヒーの粉であった。トウモロコシと豆とコーヒーという異文化の恩恵は、ここでも利便性という衣にくるまれることになったのである。

缶詰の普及やチャック・ワゴンの登場は、南北戦争と西部開拓という、産業社会への移行とは違った局面で、携帯食や野外食を発達させる要因がアメリカには存在したことを示している。そして、この携帯食・野外食の伝統は、その後産業社会が本格的に到来するに及んで、新たな外食ビジネスというべき領域に引き継がれていった。

チャック・ワゴン　馬車の荷台を改造した折り畳み式台所。テキサス州サンアントニオのテキサス文化協会の展示

夜勤労働者とダイナーの普及

農業社会から産業社会への移行は、外食への需要を高めた。人々が職場に通勤するようになったため、昼食は外で取らなくてはならなくなった。実際、エスニックフードビジネスは、惣菜やその場で食べられる加工食品に

力を入れたデリカテッセンに代表されるように、こうした外食産業というべき隙間市場に巧みに参入することで発展できたといえる。しかし、こうした隙間産業ですらカバーできていなかった需要が産業社会にはあった。

工場労働に代表される産業社会の労働形態は、通勤の必要性をもたらすと同時に、工場を効率的に稼働させるための交代制のシフトという制度をも普及させていった。その結果、通常の勤務時間帯とは異なる時間にも、一定の作業員が勤務することになる。しかし、深夜になれば通常の商店の営業時間は終了しているから、夜勤の人たちは食事に不便を抱えていた。これに目をつけて新たなビジネスを考え出した人物に、ウォルター・スコットがいる。

彼は一八七二年、ロードアイランド州のプロヴィデンスで、深夜に食べ物を売るビジネスを始める。彼は馬車を改造して、いわば移動式の販売車を作り、サンドイッチやコーヒー、パイなどを通りで販売するようになる。これが当たり、模倣したビジネスがニューイングランド一帯に広まる。中でも、マサチューセッツ州のウースターでは、サミュエル・メッサー・ジョーンズという人物が、ユニークな商売へと発展させていく。

彼は、当初はレディーメイドな食品を販売するだけだったこのビジネスをあらため、大きな馬車を改造して中で食事が取れるようなスペースを作った。つまり、移動販売車から移動式レストランへと進化させたのだ。こうしたタイプの店舗は、ダイナーと呼ばれるようになる。

ダイナーは、当初は屋台に近く、調理設備も小規模で、かつ席数も少なかった。そのため、収益を高めるには、客の回転がよくなるように、簡単に調理できてすぐに客も食べられるようなメニューに特化する必要があった。具体的には、スープ、シチュウ、チリなど、作り置きができて温めればよく、かつ、小腹がすいた時におなかふさぎになる食べ物や、変則的な時間に寝起きする人のための朝ごはん的なメニューである。

ダイナー　ミネソタ州セントポールのダウンタウンにある、ミッキーズというダイナー。ダイナーの多くが町中から姿を消した中で、電車の車体を外観に用いるダイナーの伝統を今に伝える。内部は細長いカウンター席になっていて、奥行きは３メートルほどしかなく、かなり狭い。国の歴史的名勝にも登録されている

ダイナーは、深夜営業だったので、大きな車両でも交通の妨げにはならなかった。ところが、人気が高まると、経営者たちは、これを二四時間営業へと切り替えていく。しかし、昼間は通りに駐車すれば交通の妨げになる。そこで、二〇世紀に入ると次第にダイナーは、一ヵ所に店を構えるようになる。ここで興味深いのは、「この店は二四時間営業のダイナーですよ」ということが誰にもわかるような形で店がデザインされていった点である。それは、店の外観を、当時走り始めていた路面電車の車体のようにするという方法だった。

わざわざ普通の家ではなくて、電車という、本来なら走るもので、しかも狭いスペースにダイナーが

こだわったのは、このビジネスが、産業社会におけるスピードや利便性を意識する点で、他のレストランとは異なる存在であることをアピールしようとする狙いがあったためと考えられる。ダイナーは、本来なら食事などできないような場所と時間帯に、簡便な食事を提供する存在だった。それは、西部開拓で重宝されたチャック・ワゴンを都会生活に応用しつつ、二四時間眠らない都会の慌ただしい生活リズムに溶け込んだ新たな外食産業が誕生したことを意味していた。電車は産業社会のスピードや利便性の象徴であり、ダイナーはそれと一体化することによって、産業社会の生活を支える一員であることを自己主張しようとしたといえる。

電車の車体をダイナーの外観に用いる伝統は、その後二〇世紀半ばまで続く。そして、実はファーストフードビジネスは、こうしたダイナーの後継者という側面を持っているのである。

世界大戦とスパムの発明

ダイナーの登場は、二四時間稼働し続ける産業社会において、スピードと利便性を追求する新たな外食産業が登場してきたことを物語っていた。ところが、二〇世紀前半のアメリカでは、産業社会の外側でも、外食におけるスピードと利便性の向上が求められていた。

南北戦争が缶詰の普及の転機となったように、大規模な戦争は、携帯食や野外食の新たな需要を掘り起こす面がある。実際、二つの世界大戦は、アメリカに新たな携帯食/野外食を普及させた。その代表的存在が、スパムである。

これは、豚の肩肉を塩漬けにして厚切りのハムの形にカットして缶詰にしたもので、ミネソタ州のホーメルという会社が一九三七年に売り出した製品だ。豚の肩肉は利益が少なかったので、食品会社は敬遠していた。それを、携帯用の缶詰に加工し、ちょっとしたお弁当のおかずになるような商品にしたのである。

スパムは、第二次世界大戦を契機に爆発的に普及した。陸軍は、戦場の兵士の蛋白源として、保存と輸送がしやすいスパムを大量発注する。ホーメル社は、生産量の九割を軍に納入するまでになり、第二次世界大戦中の納入の累計は三〇万トン近くに及んだ。戦争が缶詰の需要を喚起するという南北戦争の時と同じ図式が、ここでも繰り返されたのだ。

スパムむすび　おにぎりというよりは、寿司の玉子の形に似ているが、スパムの大きさに合わせたご飯のボリュームは桁違い

従軍したアメリカ兵たちは、スパムばかり食べさせられたので、戦後、スパムはもうごめんだということで、スパムは風刺の対象にもなるのだが、実際には、スパムの売り上げは戦後も順調に伸びていった。とりわけ、ハワイ、グアム、沖縄など、アメリカ軍が戦後も駐留し続けたような地域では、現地の人々の食生活にスパムが浸透している。沖縄ではランチョン・ミー

トの名で親しまれているし、今でもスパムの消費量が世界有数のハワイでは、おにぎり（スパムむすび）にもする。

戦場の兵士にいかに効率よく栄養源を補給するかという問題は、軍にとって深刻な問題だった。期せずしてスパムは、その要請に見事に応えただけでなく、戦場で重宝された食べ物が今度は一般の人々の食生活にも取り入れられるという逆転現象が起こったのだ。スピードと利便性を追求して、本来なら食事などできない場所や時間帯でも食事ができるようにしてしまおうとする発想は、ダイナーという外食産業の形で産業社会内部でも発展していた。だが、戦場という食事の場所としては最も似つかわしくない場所でも食事を可能にしたスパムが戦後の人々の食生活に浸透していったという経緯は、産業社会の外側からの圧力もが、産業社会内部の食の利便性を結果的に押し上げていた様子をうかがわせる。

宇宙食とインスタント食品

実際、第二次世界大戦後、冷戦時代の始まりとともに、アメリカが軍事大国化していくと、軍事技術の刷新と携帯食の開発は、より密接に関わるようになる。そして、これまた一般の食生活に応用されるという、スパムの事例と似た図式が繰り返されることになる。

一九五七年にソ連が人工衛星スプートニク1号の打ち上げに成功すると、衝撃を受けたアメリカは、宇宙開発で遅れを取るまいと、軍拡競争を宇宙開発の局面へと拡大させていく。そして、月への有人飛行というアポロ計画を打ち出すのだが、有人宇宙飛行にとっての重要な課題の一つは、無重力状態で、しかも狭い船内での食事をどうするかという問題だった。つまり、宇宙開発のプロセスの中で、軽量かつ腐りにくく、無重力状態という戦場以上に食事に相応しくない環境でも食べられるものをアメリカは開発する必要に迫られたのだ。

この過程で発展したのが、フリーズドライの技術であった。冷凍して粉末状に乾燥させたものに水を加えて食べられるようにするという発想は、食の軽量化、利便性の向上（水さえあればいい）、保存しやすさ等、すべての要件を満たすものであり、どこにいてもいつでも食事が取れるようにするという難題に究極の回答をもたらした。もっとも、アポロ時代の宇宙食は、味や食べやすさの面ではまだ改善の余地があったようだ。

実際、軍と食品加工技術との関係は、その後も深まる傾向にある。マサチューセッツ州にある陸軍のネイティック研究所では、兵士の携行食（レーション）の研究開発が行われており、開発された技術は民間に無償で開放されている。恐らくいざという時のために民間の生産体制を構築しておくためと思われる。エナジー・バーのような製品は、こうした技術が民間に移転されている例である。フリーズドライの技術も、その後インスタント食品で広く使われていることからすれば、現代人の食生活は、本来なら食事などできない場所でいかに食事を取れるようにするかをめぐって開発されてきた技術とは不可分の関係にあるといえる。

このように考えてみると、ファーストフードは、産業社会の内部と外部にまたがる形で進行していた、どこでも手軽に食事が提供できるようにするための技術革新の潮流における一現象として捉え直すことができる。そして、ファーストフードがターゲットにしたのは、鉄道社会から自動車社会への移行に伴って発生した、外食に対する新たな需要であった。

モータリゼーションとファーストフードビジネスの成立

かつてダイナーが公道上の店舗として登場し、せわしなく動き続ける都市の生活に溶け込むかのように電車の車体を利用したように、ダイナーは都市の交通と密接に関係していた。ところが、第二次世界大戦後になると、アメリカの都市交通には大きな変化が訪れる。それは、自動車社会へのシフトであった。自家用車を購入する余裕ができた人々は、行動範囲を一気に広げる。すると、自動車で移動する人たちの食事という新たな需要が創出された。これに目をつけて成立したのが、ファーストフードビジネスであった。それは、ダイナーとの共通点を持ちながらも、いくつかの異なる特徴を示すようになる。

例えば、メニューを絞り込み、移動中の人に簡便な食事を短時間で提供しようとする発想は両者に共通している。しかし、ダイナーが通勤途中の客を対象としていたのに対して、ファーストフードは自動車で移動する不特定多数の客を意識していた。また、ファーストフードの場合、①食べ物の製造過程に工場のような流れ作業を導入することで高度に能率化されている、②ダイナーと違ってテイクアウトも想定している、③ダイナーが個人の独立した店だったのに対して、ファーストフードはフランチャイズ化されたチェーンになっていることが多い、といった点でも違う。

一方、現在アメリカでファーストフードという時、それは、（落ち着いて食事をする）「テーブルサービス」の対概念としての（素早く食事を済ませるための）「カウンターサービス」による飲食施設一般を指す傾向にある。レストランのように案内された席にウェイターが注文を取りに現れ、料理ができるまで席で待ち、食事後にチップを含めてテーブルで会計を済ませる（テーブルチェックという）形式ではなく、カウンター越しに客が注文し、先に会計を済ませ、程なく注文した品を受け取り、自由に席について食べる（それゆえチップを払う必要がない）形式の飲食店は、テーブルサービスに比べて圧倒的に時間がかからないので、広義のファーストフードとみなされる。つまり、ファーストフードという言葉は、食べ物の中身というよりは、実際にはサービスの形式を指す意味合いが強いのだ。極論すれば、カウンターサービスのクイックなサービス形式にあてはめることができれば、どのようなタイプの料理もファーストフードになりうる。

二〇世紀前半からアメリカにはカフェテリアというセルフサービスタイプの飲食施設があり、接客の省力化への抵抗感はさほど大きくなかったともいえる。だが、創成期のファーストフードビジネスにとっては、利益の最大化のためにあらゆる手法を模索する必要があり、サービスの形式のみならず、提供する食べ物にも効率という概念を持ち込まざるをえなかった。ファーストフード＝画一化された食べ物というイメージがその後浸透していったのも当然であった。実際、ダイナーと一線を画す、より効率優先の特徴は、ファーストフードの頂点を極めることになるマクドナルドやKFCに初期の段階からすでに表れていた。

マクドナルドとKFC

マクドナルドは、カリフォルニア州サンバーナディーノの街道沿いで、リチャードとモーリスのマクドナルド兄弟が始めたレストランが出発点である。ここの特徴は、彼らがスピーディー・サービス・システムと呼んでいた経営方式だった。ホワイト・キャッスルの登場以降、ハンバーガー・チェーン自体は各地に出現していた。だが、その競争を制するような決定的なシステムの開発はまだだった。マクドナルド兄弟が挑んだのは、まさにこの点だった。

まず、彼らは、メニューを、ハンバーガーとフライドポテト、シェイクとソーダの四つに絞りこみ、店内に椅子はおかず、容器はすべてディスポーザブル（紙コップなど）にした（客はみな車の中で食べた）。そして、考案した機材を特注するなどして、注文を受けている間に、調理する人、包む人、会計をする人という順番で流れ作業式に素早く商品が出来上がるようにした。そして、大勢の客に瞬時に対応できるよう、同時にシェイクを五つ作れるマルチミキサーを導入。さらに、走行中の車からも目立つように、建物の屋根に黄色のアーチをつけた。これは、現在のマクドナルドのマークにもつながっている。

マクドナルド兄弟の店は繁盛したが、このタイプの店の可能性を見抜いたのは、シカゴのセールスマン、レイ・クロック（一九〇二～八四）だった。彼はマルチミキサーを販売していたが、マクドナルド兄弟の小さな店が八台ものマルチミキサーを購入したことがきっかけで、この店に興味を持ち、一九五四年に実際にわざわざ訪ねる。クロックは、すぐさまマクドナルド兄弟からフランチャイズ権を買い取り、全国展開を始める。クロックは、一九五五年に自らの店をシカゴ郊外に作ったのを皮切りに、同一地域には一店舗の原則に従ってフランチャイズを拡大する。一九六一年にはマクドナルド兄弟から営業権も買い上げ、完全に買収した。

レイ・クロックのマクドナルド第１号店　マクドナルド兄弟からフランチャイズ権を買い取った直後の1955年、レイ・クロックはシカゴ郊外に第１号店を構えた。その場所にはレプリカが建てられ、博物館になっている

マクドナルド兄弟は、システムの開発には強い関心を持っていたが、全国展開するという発想に乏しかった。一方のクロックには技術はなかったが、店を増やすという野望があった。マクドナルドの店舗数は、瞬く間に一〇〇を超え、一九六六年にはロナルドというピエロのキャラクターを使った宣伝活動も始め、七〇年代以降は海外に進出する。また一九七五年以降は、ドライブ・スルーの設備を導入し、

車から降りる手間さえ省いた。マクドナルドは、自動車社会とともに巨大なフランチャイズへと変身していった。

だが、マクドナルドがそれまでのハンバーガー・チェーンとは比較にならない規模に発展できた背景には、マクドナルド兄弟による技術革新や自動車社会という潜在的需要の伸びに加え、フランチャイズ制をめぐる画期的なアイデアも関係していた。通常のフランチャイズ制では、本部が各店舗にその地域の独占的営業権を保証するが、仮にどこかの店が本部の定める規則を無視したり、脱退して独立してしまうと、本部は経済的損失やノウハウの流出などにさらされるリスクがある。そこで導入されたのが、次のような手法だ。

まず、店舗を借地として調達し、各店舗にはより高い賃貸料（四割増し）で貸し出す。仮に店舗が言うことを聞かなければ、賃貸契約を解消する。店側はすべてを失って一から出直すことになるので、各店舗に対するコントロールは強化される。一方、賃貸なので店舗増設のための初期投資は抑制される上、売り上げや景気動向に左右されることなく家賃収入によって経営を安定させることができる。マクドナルドは、不動産業的な性格を兼ね備えることで、フランチャイズ権料を相場の三分の一程度の非常に低い価格に抑え込むことに成功し、経営リスクを大幅に削減しながら、瞬く間に店舗数を増やすことができたのである。

一方のKFCは、ハーランド・サンダース（一八九〇～一九八〇。カーネルは愛称）がケンタッキー州のコービンという田舎町で始めたビジネスが基になっている。彼は、その町の国道沿いでガソリンスタンドとタイヤの販売を手がけていたのだが、一九三〇年にレストランを併設する。そこでは数種類の料理を提供していたのだが、中でも多種類のハーブやスパイスで味付けしたフライドチキンの評判が特によかった。そこで彼は、道の反対側にモテルまで作って、ガソリンスタンドとレストランとモテルが一体化したプラザのようなコンプレックスを作った。今日の自動車社会のアメリカの街道沿いには、これらが集まった場所がどの町にもあるのだが、その元祖といってよい。

KFCのルーツ　ケンタッキー州コービンでハーランド・サンダースがフライドチキンを提供していたレストランは、国の歴史的名勝として当時の面影を残す博物館になっており、KFCの店舗も併設されている

サンダースは、料理を提供するまでの時間を短縮することに強い関心を持ち、圧力鍋を改造した調理器の開発に成功する。これこそ、フライドチキンのファーストフード化に道を開いた技術革新だった。だが、ある程度成功していたビジネスは、一九五五年になると一転。町の郊外を高速道路が通るようになり、客足が減ってしまう。すでに六五歳になっていたサンダースは自分の店を売り、年金生活に入るのだが、自分のチキンのレシピを売り込んでフランチャイズ・チェーンを作るという、いわばセールスマンの仕事に余生を捧げる。

サンダースは、多角経営から一転して、自信のある特定の料理に資源を集中し、ファーストフード化を可能にする技術開発を行うとともに、より利便性の高い場所への出店へと舵を切った。いわば効率優先の経営への発想の転換である。そして、ファーストフードの代名詞になりつつあったハンバーガーではなく、フライドチキンという選択肢を提供することで、新たなビジネスチャンスを創出した。一九六三年までには六〇〇店以上のフランチャイズの獲得に成功し、マクドナルドに次ぐチェーンの土台を築いたのだった。

フランチャイズ化とファーストフードビジネスの成立

このように、マクドナルドもKFCも、自動車で移動中の人をターゲットにしたロードサイドビジネスとして始まった。そこでは、メニューを思い切って特化し、技術革新と流れ作業によって、特定の製品を短時間に大量生産するための効率的なシステムが構築された。また、使い捨ての食器を活用し、テイクアウトを奨励することで店側の負担を軽減するなどして、あらゆる方面から徹底的にコストを切り詰める努力もなされた。さらに、自動車で走行中の人からも一目でわかるような特徴をデザインに取り入れ（アーチや店の前の人形）、見知らぬ土地でもすぐにそれとわかるような工夫がされている。

逆にいえば、フランチャイズ化は、実はこのように食事が規格化され、同一の外観を守るという原則の上に成り立っているのであり、それは、見知らぬ土地で一種の安心感を与える効果を持つ。本来食事を取れないような場所や時間帯でも食事を取れるようにする伝統は、自動車時代の本格的な幕開けとともに、どこでも同じ味であることを保証した新たなタイプの外食産業／携帯食をアメリカに作り出したのだ。

ファーストフードビジネスは、分業や流れ作業といった工場の生産モデルを外食産業にも応用し、セルフサービスを拡大することでコストカットを実現した。同時にそれは、どこへ行ってもなじみのある味に出会いたい、移動中は短時間で食事を済ませたいという欲求を満たすものでもあった。

だが、その成功には、産業社会が生み出してきた食の変革の遺産も寄与している点を忘れてはならないだろう。エスニックフードビジネスが生み出したケチャップやピクルス、あるいは健康食品として開発されてきた清涼飲料といった、産業社会への移行とともに登場した利便性の高い食品が、ファーストフードが提供する食事には欠かせない存在だからだ。その意味からすれば、食の利便性の向上やサービスのスピード化を歓迎する、産業社会の内外を包んでいた需要に対して、自動車時代という新たな段階に対応する形で回答を示したビジネスこそ、ファーストフードだったといえる。

しかし、それはいくつかの代償も伴っていた。安い値段で短時間にどこでも同じ味が食べられる代わりに、メニューは絞り込まれ、味もサービスも規格化されている。一九世紀末以来の食の変革のひとまずの終着点がファーストフードビジネスの誕生であったと考えるならば、同時にそれは、植民地時代のアメリカの食文化に旺盛に見られた、クレオール的な創作料理感覚の持つ豊かなイマジネーションの危機をも物語っていた。また、清涼飲料がファーストフードビジネスに取り込まれ、その健康食品としてのルーツが忘れ去られる中、食の安全基準に対する意識が二〇世紀半ばにかけて低下傾向にあったことは、営利第一主義へとファーストフードビジネスを暴走させかねないリスクをはらんでいた。

ファーストフードは、産業社会への移行とともに登場してきた食の変革をめぐる錯綜した経緯を詰め込んだ商品といえる。そして、一方でアメリカの食は、こうしたファーストフードへの反動がその後どのように起こったかという記憶も伝えているのである。

第3章
ヒッピーたちの食文化革命
蘇生する健康志向とクレオール的創造力

スピードと効率性を徹底的に追求したファーストフードビジネスは、産業社会が新たに生み出した利便性の高い食品を取り込み、一方では自動車時代への変化に対応する形で外食産業の新時代を切り開いた。しかし、フランチャイズ化されたファーストフードの台頭は、その代償として、かつての植民地時代のアメリカの食が持っていたクレオール的な創造性を埋没させ、画一化された味により多くの人々を囲い込んだ。

食の変革の皮肉な末路に対する反動は、一九六〇年代以降、急速に高まっていく。後退局面にあった食品の健康への影響や安全性に対する意識を再活性化させ、アメリカ食文化史におけるクレオール化第三期というべき状況を手繰り寄せることになったその動きは、第二次世界大戦後のアメリカ社会のより大きな文化的・社会的変化と連動していた。

1 冷凍食品からの脱却——有機農業と自然食品

ファーストフード時代の到来と一九五〇年代の時代状況

ファーストフードが体現していた食の画一化は、産業社会の食の変革の皮肉な結果であると同時に、一九五〇年代のアメリカ社会全般に見られた画一化されたライフスタイルの一部でもあった。

大戦で唯一大きな経済的損失を被らなかったアメリカは、他国を圧倒する経済力を維持していた。そして、軍事大国化する中で軍需産業が景気を浮揚し、国民の六割が中流に達したといわれた。豊かな暮らしを享受した人々は、周囲と同程度に経済的に恵まれていればあえて他のことには不満を示さないという、画一化されたライフスタイルに基づく現状維持志向を強め、それは順応主義と呼ばれた。それゆえ人々は、社会には未解決の問題が山積していたにもかかわらず、目を背け、豊かな生活を楽しむことを選んだ。

自動車社会への移行とともに五〇年代に台頭したファーストフードビジネスにとって、この時代状況は明らかに追い風だった。人々は、他人と違うことより同じことを欲していたのであり、豊かさとは利便性の高さでもあった。規格化された食をどこでも味わえるファーストフードは、人々の生き方に合っていた。また、社会問題をあえて蒸し返さないという人々の姿勢は、安全性や健康への影響よりも、コストや効率を優先しようとしていたファーストフードの側に有利に作用した。金ぴか時代直後の規制と改革の時代のように、企業の不正を告発することに対する国民の関心は薄れていた。

このようにファーストフードは、五〇年代的時代状況を味方につけながら登場してきたといえる。そして、食の画一化は、五〇年代にはさらに別の形でも進んでいた。すなわち、外食だけでなく、家庭での食事も新たな画一化の流れに飲み込まれていったのである。

TVディナーと受動化する消費者

一九五〇年代を境に、家庭での食事にも大きな変化が訪れる。

まず、戦後、急速に冷凍食品が普及してくる。冷凍技術、とりわけ、急速に冷凍する技術が進歩し、鮮度を落とさずに商品化することに道が開けた。また、冷凍冷蔵庫の性能も向上し、家庭で冷凍食品を備蓄できるようになる。さらに六〇年代半ばには電子レンジが登場し、冷凍食品の利便性は飛躍的に向上する。ファーストフード店の代表的なサイドメニューとしてフライドポテトが普及していったのも、ジャガイモの皮をむく手間を省いた冷凍フライドポテトの

TVディナー（上 AP/アフロ、下 アフロ） TVディナーの老舗ブランド、スワンソンの製品。発売翌年には、1000万食を売り上げたという。パッケージそのものがテレビの画面

登場が大きい。

温めるだけですぐに食材として使える冷凍食品は、保存がきくため、毎日の買い物の手間を省くものだった。家庭では、その分の時間を他に回すことができた。逆にいえば、冷凍食品が爆発的に普及していった背景には、買い出しの回数を減らして、何か他のことに人々が時間を使おうとしていたことが深く関係している。人々は、浮いた時間で何をしようとしたのか。それは、五〇年代に普及し始めた新たなメディア／娯楽であるテレビを見ることだった。

当初、冷凍食品は、野菜などの鮮度が落ちやすい素材を冷凍しておき、いつでも使えるようにするという性格が強かった。ところが、テレビが普及してくると、テレビを見るために調理する時間までをも圧縮したいという欲求が出てくる。それに応える形で、冷凍食品会社も、温めればそれがそのまま夕食になるという製品を開発する。それが、スワンソンという会社が一九五三年に開発した、TVディナーと呼ばれる新たなタイプの冷凍食品だった。

これは、アルミニウム製（後にプラスチック製）の容器を三つに仕切り、それぞれに、ターキー、豆、スイートポテトが乗ったもので、温めるだけで食事になるという製品だ。それ以前の冷凍食品が、いわば冷凍食材というべき存在だったとすると、TVディナーは、冷凍された食事という点で、調理の手間そのものを省くものであった。こうした製品は、今でもアメリカのスーパーマーケットで大量に販売されており、種類も豊富だ。

ファーストフードとTVディナーの普及は、五〇年代を境に、外食でも、家庭においても、人々が画一化された同じ味に囲まれ始めた様子を物語っている。これらは、コストカットで低価格を実現したり、最新のテクノロジーを駆使して開発されていた。家計を助け、食事にかかる時間はもとより、買い出しや調理の手間をも省く、優れものだったのだ。

しかし、こうして極度に向上した食の利便性に安住することは、外食産業や冷凍食品会社が作り出すものをもっぱら受動的に受け取る立場へと人々を変換していくことにもなった。テレビを見るという行為も、情報を受動的に受け取るという面があることを考えれば、多くの人がTVディナーを食べながらテレビを見るようになった五〇年代は、それだけ人々が産業社会の中で受動的な消費者になったことを示していたといえる。

ヒッピーたちの目指したもの

画一的・現状維持的で受動的な一九五〇年代のライフスタイルに対しては、六〇年代に入ると大きな反動が生じる。その重要な原動力となったのは、親の無気力なライフスタイルを見て育った若者たちや、豊かな社会の中でいまだに差別されていた黒人や女性たちであった。これらの人々の意識の先鋭化こそが、五〇年代とは正反対というべきリベラルで多様な価値観を強調する六〇年代の風土を作り上げていったといえる。中でも若者たちは、学生運動やベトナム反戦運動という形で政治闘争を仕掛ける一方、文化闘争というべき新たなライフスタイルの創出に取り組み始める。その代表的存在こそ、ヒッピーたちのカウンターカルチャー（対抗文化）であった。

ヒッピーのような人々は、六〇年代になって突然出現したものではなく、すでに五〇年代にその兆候が現れていた。画一化されたライフスタイルや現状維持的な順応主義に飽き足らなかった若者の中からは、積極的に社会からドロップアウトし、各地を放浪して瞑想にふけろうとするような人々が出てくる。彼らは、ヒップスターと呼ばれ、当時のアメリカ社会への強烈な疎外感を覚えていたために、あえて社会と距離を置こうとした。また、西洋文明の限界を強烈に感じていた彼らは、積極的に禅などの東洋思想にも接近していった。

ところが、社会から身を引いていた若者たちは、六〇年代になると、自分たちの手で社会を変革する方向へと転換する。それは、現状への不満が臨界点に達したことを意味しており、世の中の価値観そのものに革命をもたらすことが、ヒッピーたちの関心事になっていく。

ヒッピーたちは、アメリカの経済的繁栄とそれを支えた資本主義や軍事大国化が、かえって人々の精神や生活を歪めてしまったという意識を強烈に持ち始める。そして、体制側を支えてきたような価値観によって抑圧されてきたものを復権し、解放することで、まったく異なる価値体系を編み出そうとした。すなわち、ヒッピーたちは、既成の権威を否定すべく長髪にしたりジーンズを着用したし、ピューリタニズムがかえって人間精神を抑圧してきたと考えてフリーセックスを支持し、軍事大国化が世界の平和に脅威を与えるとして反戦運動を展開した。また、資本主義の競争社会はむしろ落伍者を生み出してきたとして、友愛に基づくコミューンを作って実際に共同生活をしたり、差別されてきた黒人たちの文化を再評価すべく、黒人のブルースを重要なルーツとするロック音楽を支持した。

このように反体制的なヒッピーたちのスタンスは、生活のあらゆる領域に及んだ。だが、ヒッピーたちの危機意識が最も先鋭化していったのは、環境や健康の分野であった。それは、営利第一主義の横暴な企業活動によって生命の安全が脅かされているという確信にヒッピーたちがたどり着いたからだった。

環境・消費者・食

ヒッピーたちの文化闘争は、単なる既成の価値観への攻撃に留まらず、それに代わる価値体系に基づいた新たなライフスタイルの創出を目指していたが、次第にそれは産業社会内部における生命に対する脅威を克服することと重なっていった。折しも、これに重要なヒントを与える、二冊の本が登場する。レイチェル・カーソンの『沈黙の春』(一九六二)とラルフ・ネーダーの『どんなスピードでも自動車は危険だ』(一九六五)である。そして、これらの交差する線上に浮上していった争点こそ、食であった。

レイチェル・カーソンは、当時はよく知られていなかった環境汚染の実態を、DDTと呼ばれる殺虫剤の事例を中心に検証し、現状を放置すれば深刻な事態に陥ることを警告した。また、ラルフ・ネーダーは、自動車会社の安全基準がいい加減で、消費者がだまされていることを告発した。これらの本は、今日の環境保護運動や消費者運動においてはバイブルのような存在になっているが、出版当時はメーカー側から激しいバッシングがなされた。だが、企業側の過剰な反応は、こうした環境保護や消費者保護という考え方こそが、営利第一主義からのパラダイムシフトの重要な糸口になることをも暗示していた。

そもそも西洋近代文明の限界を感じていたヒッピーたちにとって、いかにして生き延びるかという問題は、当初から重要な関心事であった。ベトナム戦争の長期化に伴う徴兵のリスクや、六〇年代に相次いだ要人の暗殺は、それに拍車をかけた。ヒッピーたちは、自分たちの命と健康を守るためには、政府との間で政治闘争を繰り広げるだけでなく、環境を改善し、消費者の立場を強くせねばならないと目覚めたのだ。現に、ヒッピーたちの間で発行されていた雑誌『ホール・アース・カタログ』は、エコロジーに対する強烈な意識を反映するとともに、非常時を生き抜くためのサバイバル戦術関連の記事を多く掲載していた。

企業をもはや信用できないと見限ったヒッピーたちは、まずは自分たちが口にする食べ物から自らの手で変えねばならないと考え始める。実際、ヒッピーたちのたまり場となったサンフランシスコのヘイト・アシュベリー地区の核となっていた、ディガーズという活動家たちは、流入したヒッピーたちに食事を用意することを重要な任務と考えていた。自分たちで農薬などを使わない安全な野菜を作り、自然にやさしい農業を広げていけば、健康被害を防ぎ、環境破壊も食い止められる可能性が高まる。また、そうした食品しか買わないという環境意識の旺盛な消費者を増やしていけば、危険で環境に悪い製品を作るような企業も淘汰されていくはずだ。

ヒッピーたちは、人々と食べ物の関係に変革をもたらすことができれば、環境と健康を蝕んできた営利第一主義の弊害から逃れることができると考えた。実際、自分たちの毎日の食べ物を変えるという試みは、新しい価値体系への転換を実践している手応えを彼らに与えた。こうしてヒッピーたちの反抗精神は、身近な食べ物を基点に、それを環境意識や消費者保護の考え方と結びつけることで、次第に新しいライフスタイルの実践へと向かっていった。それは、効率の名の下にスピードを追い求めてきた産業社会とは一線を画し、スローな生き方を切り開くとともに、半世紀近く休眠状態にあった食への安全意識を蘇らせた。ヒッピーたちの政治闘争自体は、体制側からの反撃を受け、ヒッピー内部での路線の違いもあって、一九七〇年代に入ると後退を余儀なくされるが、その分、彼らの反体制的な精神は、環境・消費者・食といった領域へと結集されていったのである。

ウィンウィンの農業モデルの構築

ヒッピーたちは、化学肥料や殺虫剤は生産性を向上させコストを下げるかもしれないが、一方で自然に負荷をかけ、残留農薬は人体にも害を及ぼすとして、有機農業の普及を目指した。しかし、既存の農家の中には、コストの上昇、化学メーカーや食品会社との関係悪化などを嫌って、躊躇する者が少なくなかった。そこでヒッピーたちは、六〇年代後半になると、自分たちで金を出し合って田舎に農業共同体を作り、化学肥料や農薬、殺虫剤を使用しない有機農業を実践し、収穫したものを流通させるための協同組合を作るようになる。

生鮮食品は腐りやすいので、栽培した作物を遠くまで運ぶことはできない。しかし、ローカルなレベルでみながこうした農業を実践していけば、生産者と消費者が直接農産物を取引することで、輸送コストも燃料も節約できる。そうすれば、環境には負荷がかからず、中間マージンもなく消費者は安く安全な農産物を手に入れられる。農家も、土地を荒廃させることなく、確実に身近な消費者に販売できる。ヒッピーたちは、こうしたローカルな地産地消によって、いわば人も環境もウィンウィンの関係を構築できることに気がついたわけだが、それは今日の反グローバリズムを先取りするものだったといえる。

健康な食生活の実践

一方ヒッピーたちは、自分たちの食生活においては、自然食品・健康食品への志向を強め、有機野菜を中心とした菜食主義をも視野に入れるようになる。だが、西洋文明には、必ずしも菜食主義の強固な伝統があったわけではない。現に彼らは、むしろ東洋思想の菜食主義に重要なヒントを見出した。東洋思想への接近は、禅に関心を寄せていた五〇年代のヒップスターたちにすでに見られたが、同じく西洋文明の限界を見据えていたヒッピーたちも、そうした関心を引き継いだといえる。実際、新たにこの頃からヒッピーによってアメリカで食べられるようになった食材には、アジアのものが目立つ。代表的なのは、豆腐や玄米、もやしである。とりわけ、大豆には良質な蛋白質が含まれていることから、大豆の栽培とそれを用いたベジタリアンメニューの開発が進むことになった。

また、グラノーラやヨーグルト、ハーブティーなどもヒッピーのお気に入りになっていく。彼らは、動物性蛋白の取りすぎが生活習慣病を招きやすいことから、有機野菜の活用という観点だけでなく、健康面をも考えた食生活を目指し、肉の消費を意識的に減らしていった。

前述したように、健康食品市場というべきものは、産業社会の初期から存在していた。しかし、飲む薬として開発されてきた清涼飲料が糖分過多な存在へと変質し、利便性ゆえにファーストフードに取り込まれていったように、健康な食生活の土台となる食材の開発や活用に対する関心は、その後薄れていった。食に対する安全意識を蘇らせたヒッピーたちは、形骸化していた健康食品市場を再稼働させたといえる。

生活協同組合　今では生活協同組合の店舗の多くが姿を消したが、カリフォルニア州デイビスでは健在。町の中心部で営業しており、大型有機食品スーパーマーケットになっている

こうしたヒッピーたちの動きに対しては、無謀な企てだとか、わざわざ変なものを食べ始めた頭のいかれた連中という冷ややかな反応も当然あった。だが、環境と健康を守るために農業と食を変革しようというメッセージは、ファーストフードと冷凍食品に囲まれて画一化された食にうんざり気味であった他の人々にも新鮮に響くところがあった。それゆえ、ヒッピーたちの食習慣を模倣する動きが次第に一般の人々にも広がり始める。ヒッピーたちの食文化革命は、画一化されたファーストフードに代わる、食の多様化圧力をもたらしたのである。

2　ヘルシーからエスニックへ——食の多様性をめぐる新展開

消費されるカウンターカルチャー

ところが、ヒッピーたちの食文化革命の余波は、この後、複雑な経過をたどることになる。それは決してヒッピーたちの意図した通りの結果にはならなかったが、エスニックフードリバイバルという重要な副産物を生んだ。その経緯を見てみよう。

七〇年代に入ると食品会社の側も、一般の人々にまで広まり始めた自然食品志向に対応した製品を供給する必要に迫られるようになる。しかし、有機農業はコストがかかるため、大規模な生産には向かない。それゆえ、食品企業側は、添加物の改良や削減、さらには、自然に近い食べ物というイメージを消費者に売り込むことで乗り切ろうとし始める。

ヒッピーたちは、有機農業を実践するほどの行動力の持ち主だったが、彼らのライフスタイルを模倣しようとした一般の人たちは、必ずしもそこまで筋金入りの問題意識を持っていたわけではない。それゆえ、企業側の軟化した姿勢に多くの人々は取り込まれていき、自然に近い食べ物を食べるということは、ある種の流行のように消費されていった。一方、ヒッピーたちが作った協同組合も決して順調に発展できたわけではなかった。彼らは農業や企業経営の経験もほとんどなかったため、協同組合の多くは七〇年代に挫折してしまう。

もっとも、七〇年代以降、アメリカのレストランでは、ベジタリアンのメニューが載ることが多くなり、有機野菜にこだわったベジタリアン専門のレストランも着実に増えてきた。近年では、ホールフーズなど、有機食品専門のスーパーマーケットのチェーンも出現し、繁盛しているところもある。ヒッピーたちの自然食品志向が世の中の考え方に一定の影響を与えたことは間違いないし、実際、アメリカにおける食の選択肢は確実に増えた。それは、五〇年代的な画一化された現状維持的ライフスタイルに代わって、多様な価値観を許容する方向へとアメリカ社会を方向転換することにもつながったといえる。

しかし、ヒッピーたちの問題意識の根底にあったのは、食を変えることで、環境や健康という、収益優先の企業活動が軽視してきたものを救い、効率優先の価値観そのものからの脱却をはかることだった。それは、いわば産業社会の発想そのものを転換するという壮大なヴィジョンだった。有機食品や菜食主義は、一定程度一般の人たちにも広がったとはいえるが、こうした壮大なヴィジョンまでもが一般社会で十分理解されたとは言い難い。

多くの人にとっては、有機農業や菜食主義を実践したり、有機食品だけで食材を賄うのは、かなり労力や費用のかかることであって、主義主張を徹底することよりも、便利さや価格の安さに引かれて、既存の食品に頼ってしまいがちだ。しかも、食品を供給する食品会社の側が、それが健康にいいという側面を広告でアピールし始めると、現実にはそれが多少添加物を減らした程度の食べ物であったとしても、納得してしまう消費者も少なくなかった。

スローフードの高級化とヘルシー志向の限界

しかし、うわべだけのヘルシー志向が流行のように消費されてしまったことに勝るとも劣らぬ大きな問題は、有機食品の価格が割高なことだった。つまり、貧しい人々には買いたくても買えないという側面があるのだ。

こうした皮肉な状況は、あるレストランの軌跡にも表れている。それは、アリス・ウォータ

シェ・パニース　１階がコースメニューのレストラン。1980年に設置された２階のカフェはアラカルト・メニューだが、それでも前菜やサラダで15ドル程度、アントレは一品30ドル前後

ーズが一九七一年にカリフォルニア州のバークレーにオープンした、シェ・パニースである。ヒッピーの牙城だったカリフォルニア大学バークレー校に学び、フランスの食文化に精通していた彼女は、有機食材で作った料理のみを提供する、まったく新しいコンセプトのレストランを作った。周辺の農家と有機栽培の契約をし、その日に届く食材から日替わりでコースメニューを提供したのだ。メニューが一種類のコースしかなく、しかもその中身は収穫に左右されるという方針を彼女が掲げたのは、利便性よりも季節ごとの自然の恵みを味わうことが重要だという発想からだった。

客にとっては決して使い勝手のよさそうなレストランでなかったとはいえ、シェ・パニースの評判は鰻上りだった。安全な食材への徹底したこだわりに加え、フランス料理をベースにした調理法で地元の新鮮な食材が味わえるとあって、価格設定の高さにもかかわらず予約が殺到した。ここで食事をとることは次第にステイタスシンボルのようになり、スローフードというよりは高級グルメレストランとしてのイメージが強まっていった。コースのディナーの値段は、今では一人平日で七五〜一〇〇ドル、週末は一二五ドルである。ここで経験を積んだシェフの中には、サウスウェスト料理の有名店コヨーテ・カフェのマーク・ミラーのように、その後カリスマシェフへと出世して自分の店を持つようになった人も少なくない。その後ウォーターズは食育の重要性を訴え、様々な活動に身を投じたが、一方では有機食材イコール庶民には手の出ない高級店というイメージを強めてしまった感は否めない。

ヒッピーたちの問題提起は、健康や環境といった、価格や効率とは違う尺度から食の問題を考える発想を社会にもたらした点で評価できるし、長らく休眠状態にあった食への安全意識が消費者運動と結びつきながら二〇世紀後半になって活性化された点でも意義深い。また、健康な食生活を提示し、ベジタリアンメニューの普及という形で食の多様化を推進した功績も大きい。しかし、彼らの問題提起が十分理解されないままに有機食品自体が高級食材化し、裕福な人だけが安全な食品を享受できる一方、貧しい人は農薬と殺虫剤のおかげで大量生産された低価格食品に囲まれるという不公平な状況が出現してしまったのだ。産業社会の価値観を食から根本的に変えようとしたヒッピーたちの大胆な実験は、社会を団結させたというよりは、むしろ逆に社会内部の分断状況を浮き彫りにしてしまったといえる。

さらに皮肉なのは、高級食材化した有機食品の基準がその後緩和されてしまった点だ。農務省は、当初は有機食材の基準を禁止投入物リストに基づいて厳格に定めようとしたが、微妙なケースもあることから断念し、道具の指定など生産過程ベースで有機食品を定義する方針に転換した。だがこれは、いわば狭義の有機農業でない作物でも有機食品として流通できることを意味し、食品企業体が広義の有機農業に参入するチャンスとなった。実際、以前よりも「有機食品」の供給量は増えた。二〇〇二年から適用された新認証制度の下、有機農園と認定された件数は一万を超え、有機農産物の販売額は二〇一二年には三〇億ドルを突破した。一〇年間でこの市場の規模はほぼ八倍になったことになる。だが、有機食材の定義の緩和は、手の届きやすさの代償として、厳格な有機農業に意欲的に取り組む農家の競争力に打撃を与えかねない。

こうした錯綜した事態は、ヒッピーたちが思い描いていた理想とは程遠い。しかし、同時にこのことは、画一化された食生活への抵抗や、そこを基点に社会全体の価値観を変革しようという試みが、どこかで歯車が狂い、まさに消化不良のまま漂流し始めたことをも暗示している。その意味ではヒッピーたちの夢は半ばでしぼんでしまったといえなくもない。

だが、行き詰まったかに見えたヒッピーたちの食文化革命の根底に流れていた食の多様化圧力は、他方では意外な副産物ももたらしつつあった。それは、ナチュラル／ヘルシーというコンセプトから、エスニックへという展開だ。一見するとまったく無関係に思える両者が結びついた背景には、ヒッピーたちの食文化革命自体に内在する要因と、より大きな社会的文脈の双方が関わっていた。

ナチュラル／ヘルシーのヒントとしての異文化

ナチュラルやヘルシーなものに対するヒッピーたちの志向は、当初からエスニックなものへの接近と不可分であった。ヒッピーたちが有機農業や菜食主義を目指した時、そのモデルとなるものは、西洋文明の中にはあまりなかった。そこで、彼らは、非西洋的世界へと接近することでそのノウハウを学ぼうとした。重要なインスピレーションとなったのは、先住インディアンと東洋である。

カウンターカルチャーのヒントになったものの中には、先住インディアンからの影響が少なくない。ヒッピーたちは、現実世界の束縛を逃れるため、LSDによるトリップという幻覚体験を好んだが、これは毒キノコなどの幻覚剤を用いて祖先の霊と交わる、先住インディアンのメディシン・マンという霊媒師を重要なヒントとしている。ヒッピーたちのコミューンは、カリフォルニア州以外ではニューメキシコ州に多かったが、そこは先住インディアンの文化が最も色濃く残る州の一つであった。先住インディアンは、西洋世界のオルタナティブとしては最も身近な存在だったのだ。

その先住インディアンは、昔から農薬など使わずに栄養バランスのいい作物を育ててきた。前述したトウモロコシ、カボチャ、豆の「スリーシスターズ」の栽培である。彼らは、化学肥料や殺虫剤を使わなくとも、理想的な農業が成り立つことを証明していた。それは、自然の理にかなったものであり、有機農業の見本であった。しかも、先住インディアンが精通していた豆類は、菜食主義の傾向を強めつつあったヒッピーたちにとっては、肉に代わる重要な蛋白源にほかならなかった。

また、五〇年代に登場してきたヒップスター以来、反体制的な若者たちにとって禅などの東洋思想は、しばしばインスピレーションの源になってきた。そして仏教には、キリスト教世界とは比較にならないほど強固な菜食主義の伝統があった。実際、ヒッピーたちは、豆腐などのアジア料理の食材を積極的に導入し始める。

このように、実は有機農業や菜食主義への接近は、非西洋世界への接近と表裏一体だった。その意味では、そもそもナチュラルでヘルシーなものの探求は、エスニックな多様性をアメリカの食に取り込もうとする方向性を持っていたと見ることができるのだ。

多様性を擁護する社会的圧力

ヘルシーとエスニックの表裏一体化は、ヒッピーたちの問題意識の高さを物語っている。第二次世界大戦後の画一化された価値観からの脱却を図り、より多様な価値観を復権しようとしていたヒッピーたちは、環境保護や消費者保護の思想を吸収しながら、産業社会の効率優先の発想を打破しようとした。そして、手間のかかる有機農業や菜食主義の実践は、生命を脅かしかねない効率性という価値基準への挑戦であると同時に、効率の名のもとに規格化されてきた社会に、エスニックな多様性を手繰り寄せるものだった。そこには、効率優先からの脱却と多様性の復権を同時に実現するという戦略があったのだ。

その意味では、有機農業や自然食品に彼らが固執したのも、それが単に健康に良いとか、企業の横暴を阻止するという次元だけでなく、多様性の復権という彼らの根本的な路線とも合致していたからだといえる。つまり、新たな価値体系を生み出す実践と密接に連動していたからこそ、ヒッピーたちの健康志向は揺るぎないものだったのだ。逆に言えば、世間ではそれが一種の流行のように消費されてしまったという経緯は、ヘルシーとエスニックの根本的なつながりの意味までは十分に理解されていなかったことを暗示する。

にもかかわらず、ヒッピーたちが手繰り寄せていたヘルシーからエスニックへという展開は、別の局面からの追い風を受けることになる。彼らが自然への回帰と多様性の擁護とを両立させるような食の枠組みを構築し始めたのとほぼ時を同じくして、公民権運動に代表されるマイノリティたちの権利意識の高まりが見られるようになったのだ。こうした状況は、アメリカ社会内部で抑え込まれてきた多様な民族集団の存在へとあらためて人々の目を向けさせることになる。多様性の価値を急上昇させるような社会的圧力がかかったことが、結果的にエスニック料理ブームの呼び水となったのである。

マルチからクロスへ――復活する創作料理の伝統

六〇年代後半あたりから登場した、民族的多様性を食によりいっそう反映させようとする動きは、俗にエスニックフードリバイバルと呼ばれている。二〇世紀に入ってエスニックフードビジネスの成果が産業社会のファーストフードビジネスに吸収され、食の画一化が進むと、エスニック料理という概念自体が埋没していった。人々を取り囲んでいた冷凍食品やファーストフードからは、もはやエスニック共同体とのつながりを連想することは困難だった。それが一気にここで再び注目を集め始めたわけだが、ここで興味深いのは、この現象は、結果的には民族料理の復活という単純な現象ではなかったという点だ。むしろそれは、様々な民族料理を忠実に復元するというよりは、異なる食文化の新たな融合の流れを生み出すとともに、ヘルシーとエスニックのクロスオーバーというべき傾向をも強化した。その流れは今日まで続いている。

そもそもヒッピーたちの健康志向自体、西洋料理のベースに先住インディアンや東洋的要素を持ち込むというように、国境横断的で創作的であった。例えば、ヒッピーたちが蛋白源としての大豆に着目し、豆腐を食べるようになったといっても、大豆バーガーのような形にしたり、豆腐を西洋的なサラダの具の一つにしたりと、西洋的な料理法と東洋的食材を新たに組み合わせて、どこにも存在しなかったようなレシピを考案する傾向が顕著に見られた。ミーガン・J・エライアスも指摘するように、こうした混血創作料理への志向は、当時のヒッピー向けクックブックにも顕著に表れていた。つまり、ヒッピーたちの健康志向自体が、いわば創作エスニックベジタリアンメニューの開発の舞台となっていたのである。

かくしてエスニックフードリバイバルは、創作エスニックベジタリアンフードの開発という次元とも連動しながら進行していった。ヒッピーたちの食文化革命の根底に流れていた混血料理への志向を受け継ぎ、ここに食の新たな実験が大々的に始まったのである。エスニック料理の垣根を乗り越えつつ、ヘルシーな料理の可能性を追求するというトレンドの中に、ヒッピーたちの遺産は生き続けることになったのだ。

こうした現象は、植民地時代に各地で誕生していた異種混交的・クレオール的な創作料理の形態にむしろ近い。その意味においては、エスニックフードリバイバルの正体は、植民地時代のクレオール的状況のリバイバルだったといえる。それは、単に多様性を復権するという「マルチ」の次元ではなく、異文化融合というべき「クロス」の次元を含むものだった。

ヒッピーたちは、五〇年代的な画一化された価値体系からの脱却を図ってきたわけだが、多様性の復権という彼らの目標は、食という領域においては、さらに一歩進んで、多様なものの新たな融合という次元へと発展することができたといえる。その意味においては、食という領域は、ヘルシー志向の流行的消費や有機食品の高級食材化という皮肉な展開を含みつつも、六〇年代のカウンターカルチャーが最も発展できた領域の一つといえる。

と同時にそれは、非常に革新的な現象に見えて、植民地時代のアメリカの食が体現していた状況へと回帰していくという面を持っていた。ヒッピーたちの反抗が手にしたものは、実は、アメリカが長らく忘れていたこの国の食の原点というべきものだったのだ。その意味においてエスニックフードリバイバルは、植民地時代、産業社会初期に続くアメリカにおける食のクレオール化第三期といえる。それは、新たにどのような食の融合を生み出したのだろうか。

3　開花するフュージョン料理——味覚のフロンティアを求めて

進化するスシ

そもそもヒッピーたちの自然食品・健康食品志向は、アジアの食材を西洋料理に持ち込もうとする傾向があった。その結果、アジアの料理に対する関心が高まってくる。そして、エスニックフードドリバイバルの到来を印象づけ、アメリカでアジア食の最初のブームというべき現象を引き起こしたものこそ、日本の寿司であった。

アメリカには、生で魚を食べる伝統はほとんどなかったので、生の魚を使うことが多い日本の寿司は、アメリカでは最も受け入れられにくい食べ物だったはずだ。しかし、日本の寿司は、すべて生の魚を使うわけではない。巻物や押し寿司では、野菜や調理した食材を用いる。そして、六〇年代後半にヒッピーたちの食文化革命が始まった時、ロサンジェルスの日系人街リトル・トーキョーの寿司屋が、寿司を自然食品・健康食品として提供すれば、肉中心の食生活からの脱却を模索し始めた時流にうまくマッチするのではないかと考え始める。幸い、カリフォルニア米は、寿司にも向いていた。その結果、登場してきたのが、カリフォルニアロールと呼ばれる、独創的なスシだった。

カリフォルニアロールとは、アボカド、キュウリ、カニ肉（カニ棒のことが多い）の入った巻寿司だ。アボカドは、フルーツの一種でカリフォルニアからメキシコにかけて広く栽培・消費されている食材だ。メキシコ料理では、グワカモレというソースにするし、サラダなどにも入れる。この地域ではごく普通の食材で、人々にはなじみ深い。と同時に、アボカドにはとろみがあり、この食感がマグロのトロに似ている。それにカニ肉（日米とも食べる）も加えておけば、高級感もあるし、現地の日本人にもアメリカ人にも食べやすいと考えられたのだ。

しかし、アメリカ人は、海苔という食材になじみがなかった。それまでアメリカでは海藻を食べる習慣がほとんどなかった。日本の巻寿司では、一番外側に海苔が巻いてあるのが普通だが、これだと視覚的に拒否反応が出る恐れが高い（海苔を皮と間違えてむいてしまう恐れもあったらしい）。そこでスシ職人たちは、海苔を内側に巻いた。つまり、中心に具を置いて、それを海苔で包み、その外側にご飯の部分をつけるという形にしたのだ。実は、このような巻寿司の作り方（裏巻き）は日本にもある。

カリフォルニアロールは、ヘルシー志向や東洋的食材への関心とうまくマッチして、人気を博す。その結果、これを真似た様々な巻物（ロール）が今度はアメリカ人たちの手で創作されていく。それらは、基本的に海苔を内側に巻くもので、しかも、日本人の感覚からすると異様に感じられるものが多い。例えば、ウナギとキュウリとクリームチーズを巻いたもの（ドラゴンロール）、マグロにチリソースで味付けしたスパイシーツナロール、ソフトシェルクラブ（殻ごと食べられる小さなカニ）を揚げたものを巻いたもの（スパイダーロール）などである。現在ではこのほかにも、考案者の名前を冠したロールやそのお店にしかないような名前のロールもたくさんあり、巻物にさらにトッピングを加えてカラフルに仕上げているようなロールも多い（口絵参照）。

アメリカ人の中には、これらを伝統的な寿司だと思い込んでいる人もいるが、それはさておき、スシがアメリカでヒットしたのは、肉食を避けた低カロリー志向と東洋的な食べ物への関心にうまく適合したからだった。加えて、一九七七年に連邦議会がまとめた、いわゆるマクガバン報告が、生活習慣病予防のために卵や肉の消費を減らすよう勧告したことや、九〇年代以降の狂牛病への恐怖感は、スシ人気の追い風となったといえよう。今では、アメリカ人の寿司屋が増え、全米のどこへ行っても寿司屋を見つけるのははるかに容易になった。スシこそ、ヘルシーとエスニックの重要な橋渡し役となったのだ。

アメリカで生まれたこれらのロールは、日本の伝統的な寿司からみると邪道とも思える代物かもしれない。しかし、そもそも、アメリカの食文化の原点は、異なる要素を創作的に自由に組み合わせてどこにもない混血料理を作り出すことだった。その見地からすれば、これらのスシロールは、ガンボーやシンシナティ・チリの正統な後継者であるといってよい。

再発見されるハワイ

アメリカ流のスシが受け入れられていくにつれ、西洋と東洋の食文化の融合の新たな可能性を探る動きが盛んになってくる。それに重要なヒントを与えたのは、ハワイの食文化だ。

エスニック共同体とのつながりをもはや感じさせない、規格化されたファーストフードビジネスが全国展開し、エスニックフードという概念自体が埋没しつつあった中で、植民地時代にまで遡る創作地方料理の伝統は、各地で生き続けていた。南北戦争で敗北した南部は、北部への対抗意識から南部料理の伝統を守ろうとする姿勢を強めていったし、一九三〇年代に文学など芸術の分野で顕著に見られた地方主義の潮流も、ローカルな文化に新たな息吹を与えた。そして、戦後の自動車社会に伴う観光業の発展は、地方料理の持つ観光的価値を高めた。エスニック料理の概念がぼやけていったのとは対照的に、地方料理には様々な追い風が吹いていた。そして、スシと同じくシーフードのレパートリーが豊かなハワイ料理ブームは、サム・チョイやロイ・ヤマグチなどの有名シェフの登場もあって、八〇年代以降、一気にアメリカ全体に広まった。

ハワイは、一九世紀末にアメリカに併合され、第二次世界大戦後に州となったが、人口の過半数を占めるのは、日系、中国系、フィリピン系、韓国系などから成るアジア系であり、白人の人口は四分の一程度にすぎない。それゆえ、ハワイでは、かねてアジアの食文化が優勢で、それらが西洋的な食習慣と同居してきた。あのスパムむすびもその一つといえる。

実際、ハワイでは、西洋的な食材を使いながらも、味付けはアジア風の料理（醤油味、生姜味など）がローカルな料理として食べられてきた。その意味からすると、アメリカ型のスシロールは、ハワイにおいては日常的に起こっていた西洋と東洋の食の融合の一バリエーションにすぎないともいえる。それゆえ、アメリカ型のスシの人気の上昇は、そうした西洋と東洋の食の融合の元祖というべきハワイの食文化に対する関心を浮上させたのである。

ハワイの食文化の興味深い点は、まさに太平洋のど真ん中に位置するという地理的条件ゆえに、環太平洋的な食文化の融合というべき様相を呈している点だ。つまり、アメリカ人が持ち込んだ西洋的な伝統と、アジア各地からの食の伝統が混ざり合い、太平洋を取り巻く地域全体の食が融合しているのである。それゆえ、こうしたハワイの食文化の成り立ちを踏まえつつ、食の融合をさらに意識的に進めようとする、パシフィック・リム・キュイジーヌという新たな食の概念が登場してきた。

パシフィック・リム・キュイジーヌという概念には、アメリカの食文化をアメリカ合衆国という閉じた領域の中だけで考えるのではなく、外の世界の食文化と融合させながら作り出そうとする発想を見ることができる。それは、植民地時代において、国境の外から持ち込まれた様々な食文化が各地で融合してアメリカの食文化の基層が形成されたという、アメリカの食の原点に回帰するものだともいえる。アメリカの端に位置し、アメリカの食文化の中心からは隔絶した存在のように一見思えるハワイこそ、国境の外の様々な食文化をローカルな料理へと落とし込むという、植民地時代を思わせるグローカルな創作料理の伝統が最もよく生き残っていた場所だったのだ。そして、そのハワイを再発見することによって、エスニックフードリバイバルの流れは、国境横断的な混血料理の創作という、本来のアメリカの食のスタート地点に完全に回帰することになったのである。

ヒスパニックの増大とラテンアメリカ料理の影響

実際、九〇年代以降は、こうしたパシフィック・リム・キュイジーヌを手本にしながら、新たな地域的枠組みで食文化を融合しようとする動きが盛んになってきている。こうした傾向の料理は、フュージョンとかヌーベルクレオール、ニューアメリカンなどと呼ばれることが多い。多様な食文化を、より広域的な地域概念の下にいっそう大胆に融合させ、新たな味覚のフロンティアを切り開こうとする発想がそこには強く表れている。

とりわけ顕著なのは、ラテンアメリカの料理に対する関心の増大だ。これには、ヒスパニック系の増加も関係している。アメリカ料理を、南北アメリカ全体を貫くようなパンアメリカン・キュイジーヌとして再規定しようとする動きや、パシフィック・リム・キュイジーヌをヒントにアジアと中南米の食文化とを接合しようとする動きもある。

しかも、この種のレストランは、食文化の融合の最先端を行くのに合わせておしゃれな店構えをしていることが多い。ニューヨークのアジア・デ・キューバ（アジア料理とキューバ料理の融合)、ワシントンDCのチャイナ・チルカーノ(中華料理、和食とペルー料理の融合、チルカーノはペルーの国民的なカクテル)、マイアミのスシ・サンバ(和食とブラジル料理の融合、アマゾン巻なるスシもある)などは、店名からしてアジアと中南米のフュージョンだとすぐわかるが、料理も雰囲気も実に洗練されている。昨今では、アメリカのフュージョン界に中東のオイルマネーが流れ込み、リッチな産油国への出店などの世界展開をはじめ、フュージョン系レストランのいっそうの高級化やブランド化も進んできている。

ポキボウル　ハワイ風漬け丼。マグロやサーモンなどの漬けとともに、茎わかめ、キュウリ、枝豆、カニ、甘酢生姜などを乗せ、ふりかけをかけるのが豪華版

創作の器としてのボウルとフィンガーフード

もちろん、こうした新たな食の実験は、高級レストランだけに限られたものではない。しかも、より庶民的な文脈では、あるパターンが見られる。それは、異なる食の伝統を融合するに当たって、片方からいわば器となる要素を取り出し、それにもう片方の食の伝統を具のように詰め込むというやり方だ。

例えば、アジアと中南米の両方の食の伝統を融合したレシピとして、丼物(ボウルという)がある。アジア料理の基本である米という器に、中南米的な料理を乗せるという方法だ。ご飯の上にアボカドやサルサ、豆やチーズを乗せたものはメキシカンボウルと呼ばれたりするが、こうした創作丼は、ハワイのロコモコ（ご飯にハンバーグなどを乗せた丼）やポキボウル（魚の漬け丼）がヒントになっているように思える。フュージョン系丼は、ランチタイムなどには普通のレストランでも見かけることが多くなったし、メキシコ料理店などでは定番になっている場合もある。

ラップ　トルティーヤに具を挟んで円筒状に巻き、斜めに半分にカットしたものがブリート。写真は、アトランタのウィリーズというメキシコ料理のファーストフード店のサザンバーベキュー・ブリート。ポークのバーベキューとコールスローに、豆とライスを加えて巻いた、南部料理とメキシコ料理が合体した一品。約7ドル。すごいボリュームだ

逆に、西洋的ないし中南米的な器にアジアの具材を乗せるというやり方も見られる。典型的なのは、フラットブレッドというピザ生地のようなパンの上に、パクチーなどとともにアジア的なテイストの肉や野菜をトッピングする方法である。また、ラップと呼ばれる、メキシコ料理のトルティーヤを手巻寿司の海苔のような感じで用いるケースもある。トルティーヤでアジア的な具材を巻くわけだが、ラップは他にも様々な具材のものが登場しており、バーガーやサブと並んで、フィンガーフードの代表格になりつつある。メキシコ料理のブリートの具は肉や

豆が主流だが、アメリカでは大型化してサラダなど様々な具材を巻くようになり、メキシコのシンプルなブリートと区別してラップと呼ばれる。ただ実際には、両者はほぼ同義のことも多い。さらに、ブリートとスシを合体させたものもある。ブリートは、トルティーヤの中に具を詰めた、春巻を半分にカットしたような形状なのだが、サンフランシスコのその名も「スシリート」という店では、ブリートの中身を様々なスシロールにした商品を提供している。

こうした食の実験は、アメリカの食文化の原点というべき混血創作料理の伝統に連なるといえる。と同時にここで興味深いのは、これらがベジタリアン料理やフィンガーフードとの接点も少なからず持っているという点だ。前述のメキシカンボウルはベジタリアンメニューにもなりうるし、ラップやブリートの創作は、かつてハンバーガーが生まれてきたような、エスニック的な要素をヒントに新たなフィンガーフードが登場してきた状況と重なる。その意味では、これらの新たな食の実験は、奇想天外なようでいて、アメリカの食文化が

スシリート　サンフランシスコ周辺に数軒ある。ブリートの中身をスシロールにした、スシ・ブリートのメニューには、「ゲイシャのキス」、「ラテン・ニンジャ」、「スモウ・クランチ」といった意味不明な名前がつけられている。一番外側に海苔を巻く、日本の太巻と同じタイプのスシロールを、さらにトルティーヤで巻いている

たどってきた歴史をむしろ上書きするような存在と見るべきなのだ。

創作料理の最前線としてのビーガン

このように、エスニックフードリバイバルは、植民地時代のクレオール的な創造力を蘇生させただけでなく、バージョンアップする結果となった。今日、この動きはさらに加速しているように見える。その最前線は、ビーガンたちだ。ビーガンとは、より厳格な菜食主義を唱える人々のことで、動物の生活に危害を加えないで食糧を調達するという立場だ。それゆえ、酪農製品や卵、場合によっては蜂蜜なども食材から除外される。

今ではビーガンは、アメリカ人全体の五%を超えたともいわれる。ビーガンの人々は、食材や調理法に様々な制約を抱えている分、逆に常識にとらわれずに各国料理からヒントを得ながら、新たなヘルシーメニューをクレオール的かつ大胆に開発しようとする意欲が非常に強い。アメリカにおけるクレオール化第三期の最前線は、実はこうしたビーガンたちの食生活なのだ。

そもそもエスニックフードリバイバルは、ヒッピーたちのヘルシー志向の副産物であった。クレオール的な創作料理の開発がヘルシー志向と結合しながら進む事態は、ヒッピーたちの食文化革命の原点への回帰でもある。ここで、スシがエスニックフードリバイバルの先陣を切った背景には、当初スシを自然食品・健康食品として普及させようという発想があったことを思い出してほしい。その後様々な創作ロールが登場する中、いつしかヘルシー志向よりも具材の組み合わせの新しさや見た目のカラフルさに注目が集まり、ベジタリアン・スシへのこだわりは停滞していた。だが、ビーガン時代の到来が、ヘルシーとエスニックの橋渡しとなったスシ本来の路線への回帰をもたらしたとしても決して不思議ではあるまい。

実際、昨今では「グリーンロール」と呼ばれるビーガンのスシが登場してきた。ニューヨークにあるその名も「ビヨンド・スシ」は、まさに伝統的な日本の寿司の概念の彼方を行く店だ（口絵参照）。焼きトマトやカレー味のカリフラワー、アボカド、マンゴーなどのフルーツ、さらには海藻サラダやアーモンドまでロールの具にするという発想や、サラダにならって、醤油ではなくドレッシングで食べるという着想は、日本人の想像を絶する。だが、もしかしたらこうした「グリーンロール」こそ、そもそも自然食品・健康食品という触れ込みで登場してきたスシの究極の進化形かもしれないのだ。

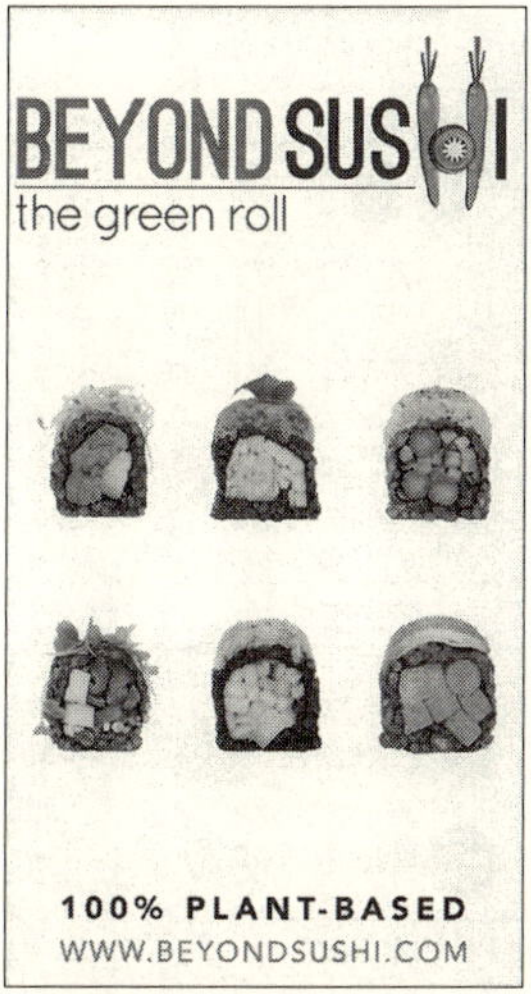

ビヨンド・スシのメニュー
2012年創業。グリーンロールの中身には、サツマイモ、アスパラガス、ニンジン、シイタケ、豆腐、マンゴー、アボカドなども使われる。それぞれ、醤油ではなく、専用のドレッシングのようなソースとともにいただく。そばサラダやサラダ丼（ご飯にサラダを乗せた丼）もある

また、ビーガンの料理店では、ラーメンも目にすることが少なくない。日本ではラーメンは必ずしもヘルシーだとは思われていない

かもしれない。だが、ビーガン料理店では、味噌、醬油やカレーなどのスパイスでスープを作り、麺にもズッキーニやホウレン草などの野菜を練り込むか、野菜そのものを麺のように細切りにし、ブロッコリーなどの野菜をふんだんにトッピングした野菜ラーメンを見かける。ビーガンは食材の制約が多い反面、野菜を使った新たなレパートリーの開発意欲が実に旺盛で、ヘルシーでボリューム感のある、どこにもなかったようなラーメンも登場しているのだ。

さらに、アジア系料理の応用という枠には収まらない、国境横断的メニューも目にする。代表的なのは、ブッダボウルと呼ばれる種類だ（口絵参照）。この名称は、恐らく仏教的な菜食主義への志向と、健康な食材がもたらす仏様のご利益の両方をイメージしているのだと思われるが、純粋なアジア料理とはとうていいえない。ブッダボウルの基本は、①玄米などの全粒穀物をベースに、②豆類などの植物性蛋白、③野菜・果物の三つの要素を一つの丼として作り上げる発想であり、それさえ守れば、組み合わせのバリエーションは無限だ。例えば、南米原産のキヌアをベースにして、豆腐、アボカドをトッピングするなど、アジアと中南米の饗宴といった具合だ。しかも、家では朝、昼、晩と好みに合わせて組み合わせを変えることも可能である。と同時にそれは、必要な栄養素を効率よく一度の食事で摂取する発想をも体現している。

同様の傾向は、ビーガン向けのバーガーやブリートの料理本にも見られる。ハンバーグ（蛋白質）に相当する部分を豆で作り、野菜とパン（炭水化物）とともに食べるというオール・イン・ワン的な発想はブッダボウルと同じだし、野菜のトッピングやソースにも様々なものが考案されている。ソフィア・デサンティスのビーガン向けバーガー／ブリートの料理本には、ハラペーニョを使ったテックス・メックス風やピーナッツソースを使うタイ風のビーガン・バーガー、レンズ豆を用いたギリシア風やタイ料理のパッタイ（やきそば）のビーガン・ブリートも載っている。ただ、一度に必要な栄養素を取ろうとするあまり、フィンガーフードにしては巨大なボリューム感のものも多い。

加えて、ビーガン料理店では、スイーツの開発にも余念がない。材料にかなりの制約があるとは思うのだが、豆乳チーズケーキなどはなかなかよくできている。ビーガン料理の最前線は、ヒッピーたちの食文化革命がどこにたどり着いたのかを象徴しているように思える。ビーガンたちは、ヒッピーたちが試みたヘルシーとエスニックのクロスオーバーを、より大胆かつ徹底的に追求しているのである。

グリーン系ファーストフード

ビーガンの存在感が増しているのと歩調を合わせるかのように、近年では、グリーン系ファーストフードというべきタイプの店も登場し始めている。カウンター越しに、有機野菜を使ったメニューを客の注文に従って提供するというコンセプトだ。クイックサービスの形式をファーストフードから借用して、その分のコストを下げつつ、食事の中身はヘルシーにという趣向だ。有機食材は高級というイメージを払拭しようとする試みといえよう。

ビーガンのバーガー　ビーガンの店のバーガーでは、ハンバーグの部分をどのように本物の肉の味に近づけるかに工夫を凝らしていて、レシピは秘密ということもある。メニューには、不可能を可能にしたことを強調して、「インポッシブル・バーガー」といった名前が付けられていることも

こうしたタイプの店は、近在の有機農家が不可欠なこともあり、まだローカルで小規模なチェーンに留まっていることが多い。テキサス州で主に展開しているサラータでは、五〇種類にも及ぶ有機食材をカフェテリア感覚で目の前でサラダやラップにしてもらえる。ベースになる葉物をよそう人、トッピングの野菜を盛り付ける人、サイドメニューの注文を受ける人が順番に流れ作業式に並んでいて、客はベルトコンベアに乗せられていくような感じだが、客の要望に沿ってカスタマイズできるところが強みだ。

南西部で主に展開しているマッド・グリーンズ、カリフォルニアが中心のテンダー・グリーンズやベジー・グリルなどは、ビーガンの人がそうでない人と食事をする場合にも対応できるよう、肉類を使った創作ボウルや創作ラップにも力を入れている。価格は一品一〇ドル前後と、ハンバーガー系ファーストフードに比べればかなり割高だが、有機野菜をより手頃な価格帯で提供しようとするビジネスモデルが選択肢を増やし、ファーストフード業界がヘルシー志向をより無視できなくなる可能性はあるだろう。

食文化革命の到達点

　カウンターカルチャーが開花した一九六〇年代から半世紀を経た今日、ヒッピーたちの食文化革命の記憶は、フュージョン料理やビーガンたちの食生活の中に痕跡を止めている。これらは、五〇年代に骨格を整えたファーストフードや戦後普及した冷凍食品が体現していた食の画一化傾向に対して、食の多様化を目指すもう一つの対立軸が確立されたことを意味している。現代アメリカの食生活は、その記憶を鮮明に伝える食べ物抜きに語ることはできない。

　と同時に、ヒッピーたちの食文化革命は、革新的に見えて、その実アメリカの食文化の伝統を再編成する側面があった。ヒッピーたちは、エスニックフードリバイバルを呼び込み、植民地時代を彷彿させるクレオール的な混血料理の伝統を復活させる立役者となった。そして、休眠状態にあった食への安全意識を再活性化し、形骸化していた健康食品市場に新風を吹き込み、フィンガーフードを創作の場として利用する発想を再活性化させた。ヒッピーたちの反抗は、むしろアメリカ食文化史が蓄積してきた様々な記憶をもう一度蘇らせ、それらが組み合わさることで、ファーストフードビジネスに対抗するパラダイムが少しずつ見え始めたのだ。

　こうした状況は、アメリカ食文化史の原点というべき、混血性や自由な創造力の伝統が、紆余曲折を経ながらも現代にまで脈々と受け継がれていることを示している。また、自然志向の復活も、自然に近い飲み物こそアメリカに相応しいと考えられるようになった、独立革命期の飲み物革命を彷彿させる。一般にヒッピーは、破天荒な反逆児と思われがちだ。だが、彼らが求めた多様性や自然への回帰は、この国の原風景との強い親和性を持っていたのだ。

だが、ヒッピーたちの遺産には、弱点もある。有機食品は高級食材化してしまったし、創造性あふれるフュージョン料理も、すべてが安価とはいえず、むしろカリスマシェフたちによって高級料理化してもいる。また、カウンターカルチャーに流れていた強烈な問題意識も、国民全体に浸透できたわけでもない。食文化革命の恩恵は、すべての人に必ずしも届いているわけではないのである。それに、フィンガーフード型のフュージョンは、かつてのハンバーガーと同じく、ファーストフードビジネスの新たな標的になりやすい。オール・イン・ワン的な、食事に効率を求める発想はブッダボウルのようなビーガンのメニューにも反映されているし、グリーン系ファーストフードの登場も、食文化革命の遺産が効率という概念と完全に袂を分かつことの難しさを体現しているように思える。安価で利便性の高い食べ物を開発してきたファーストフードビジネスが食文化革命のほころびにつけ込む余地は、たくさんあるのだ。しかも、現実にはファーストフードは、こうした食文化革命の挑戦にもかかわらず、一九八〇年代以降、より強大化してきている。

実際、ヒッピーたちの食文化革命が錯綜した事態へと行き着く中、ヒッピーの遺産とより強大化したファーストフードとの戦いは、二一世紀を迎えて新たな段階に突入しつつある。そこで次に、始まったばかりのこの新たな物語がどのような様相を呈しているのかを見てみよう。

第4章
ファーストフード帝国への挑戦
変わり始めた食の生産・流通・消費

ヒッピーたちの食文化革命は、産業社会の営利第一主義を根底から覆すことはできなかったが、利便性の追求が食の画一化をもたらしてきた流れに一石を投じたのは間違いない。だが実際には、ファーストフードビジネスは一九八〇年代以降、むしろ飛躍的に発展を遂げている。食文化革命の挑戦をファーストフードビジネスはなぜすりぬけ、かえって強大化したのか？　それには、ファーストフードが外食産業という枠を超えたビジネスモデルとしての地位を築き、格差社会をビジネスチャンスに変えてきたことが関係している。

しかし、ファーストフードへの過度の依存や格差社会の深刻化によって、健康な食生活に対する権利意識や不公平感も強まった結果、ファーストフードに対する新たな包囲網も形成された。それは、ヒッピーたちの果たせなかった夢を新たな物語へと接続しながら、食という領域を超えた、新たな社会変革のうねりを紡ぎ出しつつある。

1 格差社会とシンクロするファーストフード

「マクドナルド化」現象

ファーストフードビジネスが、一九六〇年代以降、食の多様化や自然食志向、エスニックフードリバイバルなどにさらされながらも、なぜかえってより強大化したのかという問題を考える上で重要な出発点を提供してくれるのは、社会学者のジョージ・リッツアが提唱した「マクドナルド化」という概念である。彼は、マクドナルドに代表されるファーストフードのビジネスモデルは、近代産業社会の究極のビジネスモデルへと上り詰めたと指摘する。

近代産業社会は、効率と収益性を最優先する。その点、ファーストフードは、コスト削減と売り上げ増加の両面を極限までつき詰めている。メニューを限定し、流れ作業式に瞬時に現物を提供し、セルフサービスやディスポーザブルとテイクアウトを奨励することで、コストは最小化される。加えて、作業がマニュアル化された単純労働に変換されているため、特殊な技能は必要ではなくなり、人件費や従業員教育のコストも下がる。そして、店内には座り心地のいい椅子を置かないことで、客の回転は早まり、収益は最大化されていく。

しかも、速さと低価格が売りのファーストフードは、消費者を店側の協力者に変換する力を発揮する。客は、限られたメニューしか選べず、しかも、個人的な注文をつけることは通常できない。食べたら自分で後片付けをしなくてはいけないし、席数もさほど多くはないのでさっさと食事を済ませないと気まずい雰囲気だ。だが、客はこうした点に文句をつけるわけではない。時間と金の節約は、客にとっても喜ばしい面があるからだ。むしろ客は、限られたメニューをけちもつけずに受け入れ、店側が期待するような、さっさと食べて自分で片付けていくという行動を、自ら率先して取っている。これに今や客の誰も疑問を感じていないわけだが、これは、それだけ従順な消費者として飼いならされたことを意味している。

つまり、ファーストフード店のシステムは、時間と金の節約こそが事業者と消費者の共通の関心事だと割り切ることで、高圧的に強制せずとも、自然と客の行動を店側にとって都合よくコントロールするのに成功したといえる。そこでは、逆に客があたかも金を払ってくれる機械人間のようにベルトコンベアに乗せられていくような感じすらある。これは、消費者側の主体性の喪失を物語っているわけだが、ファーストフードビジネスのすごいところは、そういう感覚を消費者側には感じさせないようにしておいて、一方では完全に消費者をだしぬいている点なのだ。このように、ファーストフードビジネスが達成したのは、マニュアル化の徹底や単なる収益性の向上だけではない。時間と金の節約を最優先にすれば、高圧的な手法に頼らなくとも消費者を従順にできると実証したことなのだ。

収益を最大化しながら同時に消費者を密かに飼いならすという、経営者にとっては夢のようなこのビジネスモデルが、程度の差こそあれ、様々な領域で模倣されたのは当然の帰結だろう。リッツアのいう「マクドナルド化」した社会では、時間と金の節約に役立つビジネスが奨励される。そこでは、アメリカのロードサイドビジネスに起源を持つ、マニュアル化された収益性の高いビジネスモデルが、分野や国境を超えてデフォルト化し、共通の利害関係の下、消費者は知らず知らずのうちに企業の協力者と化していく。アメリカ発祥のファーストフードが今や世界的巨大企業として君臨している事実は、現代がまさに「マクドナルド化」した世界であることを象徴しているといえよう。

ファーストフードの発展は、発注者や雇用主としての影響力も高める。納入業者はファーストフードの意向を無視できなくなるし、重要な雇用創出源には地域社会も一目置かざるをえない。今やマクドナルドは、アメリカ最大のジャガイモ、牛肉、豚肉購入業者となった。アメリカ人の八人に一人は、生涯のうち一回はマックで働いているとされる。ファーストフードの強大化は、より有利な条件でビジネス展開できる環境を作り出した。

ファーストフード型ビジネスモデルは、こうして立派な商売として認知され、消費者を味方につけた。かつては実現が困難だった、速くかつ低価格という条件を可能にするビジネスモデルは、今や当たり前のこととなった。ファーストフードビジネスを敵に回すことは次第に困難となり、その地位はより盤石になったのだ。

レーガノミクスと格差社会の深刻化

ファーストフードビジネスが強大化した背景には、このビジネスモデルに内在する要因に加えて、外的要因も存在する。それは、一九八〇年代のアメリカに生じた経済的変化と密接に関連している。

一九八〇年代のアメリカは、ベトナム戦争への膨大な戦費の出費や七〇年代のオイルショックで傾いた経済を立て直そうとした。その際、共和党のレーガン政権は、それまでのアメリカの経済政策とは一線を画す方針を掲げた。これは、レーガノミクスと呼ばれている。

一九世紀後半の金ぴか時代が巨大企業の出現に伴う市場の独占や富の偏在という事態を招いたことから、その後のアメリカは、私企業と公共の利益をどう調和させるかを強く意識してきた。つまり、極端な格差社会に舞い戻らないことが新たな目標となったのである。それゆえ、基本的にはアメリカは、独占禁止法を盾に企業の横暴を規制しつつ、雇用を促進して貧富の差を縮めるという路線をとり、自由放任主義的な市場経済一辺倒の姿勢とは距離を置いてきた。ところが、こうした政策の下では、連邦政府による企業に対する規制や干渉が強まるとともに、雇用創出や貧富の差を是正する必要上、公共事業や福祉政策に必要な予算を確保するための税金が高くなりやすい。

そこで、レーガンは、思い切ってこの路線を見直すことでアメリカ経済を活性化しようとした。すなわち、規制緩和と減税を同時に行い、新たなビジネスへの投資を促進しようとしたのだ。これがうまくいけば、新たな産業の業績が伸びて、いずれは税収も十分に回復すると考えられた。もっとも、減税をする以上、福祉に頼る貧困層がしわ寄せを受け、仮に一時的にせよ格差が開く懸念はあった。だがこれも、新規産業の恩恵が国民各層に届けば、極端な格差社会は回避できるという計算だった。

ところが、思惑は完全には当たらなかった。当時はまだ冷戦の最中で軍事費の支出がかさんでいた。また、減税で手元に余ったお金が消費に過剰に回ってしまったために、輸入が増えて、貿易赤字を押し上げた。減税によってただでさえ政府は赤字に転落するリスクがあったが、ここにアメリカは財政赤字と貿易赤字という双子の赤字を抱えることになったのである。

こうした状況は、規制緩和と減税という大胆な手法によっても、思ったほどアメリカ企業の業績がすぐには劇的に回復しなかったことを物語っている。しかし、一方では、アメリカの経済構造は着実に変化も遂げていた。それは、収益性の高いハイテク産業へのシフトであった。規制緩和と減税の恩恵を利用して、ハイテク技術を伴う付加価値の高い新規分野を開拓できれば、時間はかかるかもしれないが将来は高収益を上げられる。こうしてその後九〇年代にかけて飛躍的に発展したのが、コンピュータや半導体、携帯電話やインターネットといったIT業界であった。この種のハイテク分野では高学歴の技術者や専門職が多く必要とされるため、そうした人々の雇用や収入は増えたといえる。

しかし、新規分野が成長できた一方で、それまでの基幹産業だった鉄鋼や自動車などは、新興国の追い上げと輸出攻勢にさらされ、人件費抑制を迫られた。そこで、工場を労働力の安い海外に移転することで生産コストを切り詰めようとしたが、結果的にこれは国内の労働市場の空洞化を招き、失業者を増やすことにもなった。基幹産業に従事していた中産階級の人々は、生活水準を下げざるをえなくなっていく。

他方、すでに貧困にあえいでいた層にとっては、レーガノミクスは打撃となった。減税による福祉予算や教育予算の削減で、ますます経済的に追い詰められてしまったからだ。貧困ライン以下が国民の一割を超える中、これらの人々には低価格のファーストフードしか事実上食事の選択肢がなくなってしまった。

このように、九〇年代以降のアメリカでは、新規産業が順調に成長して景気を引っ張る一方、既存の産業に従事していた中産階級の多くが没落し、貧困層はさらに追い詰められるという、豊かになる人々と没落する人々の二極化傾向に拍車がかかるようになる。結果的にレーガノミクスは、アメリカを豊かにはしたが、格差社会の再来となりかねないリスクも顕在化させたといえる。今やアメリカでは、国の富の八割を所得上位の一割の人々が握っている。

こうした格差社会の到来は、安さを売り物にするファーストフードにとって新たなビジネスチャンスとなる。大勢が経済的に没落すれば、安い食べ物に対する需要はかえって増えるからだ。こうしてファーストフードは、財布の紐が固くなってより安い商品を求めるようになった人々を顧客として取り込んでいった。

アメリカのテレビを見ていると、ファーストフードのコマーシャルを頻繁に見かける。そのどれもが強調するのは、値段の安さと量の多さだ。割安感と満腹感に訴えることで、増加傾向にある低所得者層を確実に吸収しようとしているのである。

ビジネスチャンスとしての格差社会

実際、ファーストフードは八〇年代以降、確実に店舗を増やしてきた（マクドナルドだけで世界に約三万店ある）。しかし、格差社会の到来に伴って、潜在的な顧客が増えたことだけが、ファーストフードのさらなる発展の原因ではない。

あくまでも低コストが生命線である以上、人件費の抑制という課題はファーストフード業界にとっても同じだった。工場が閉鎖されて失業した労働者を雇うことも選択肢としてはありえた。だが、かつて中産階級だった人々の中には、ファーストフード店のような低賃金単純労働を進んでしたいと考える人は少なかった。それゆえ、いかに安い労働力を確保するかが、ファーストフードがこのビジネスチャンスをものにできるかどうかの鍵となった。その時、この業界が目をつけたのが、移民労働力であった。

とりわけアメリカの隣国メキシコをはじめとする中南米諸国は、アメリカとの経済格差が著しく、アメリカの低賃金労働であっても、自国では十分家族を養っていけた。しかも、マニュアル化された作業であるファーストフード店で働くには、高度な英語力や専門的知識も必要ない。それゆえ、アメリカに出稼ぎに行きたい人々と、低賃金労働の担い手を探していたファーストフード業界の思惑が一致する形で、ファーストフードを代表格とするアメリカの低賃金労働市場に、メキシコを中心とする中南米からの大量の移民労働力が流れ込む事態が起こる。今日のヒスパニックの増大の背景を考える際、八〇年代以降のアメリカの経済構造の変化に伴う低賃金単純労働市場の動向を無視することはできない。

しかも、移民の中には、非合法なルートで入国してきた人々も少なくなかったため、立場の弱い労働者も少なくない。雇用する側からすれば格好のターゲットだ。ティーンエイジャーのアルバイトとなれば、なおさらである。

このように、ファーストフード産業が、食文化革命の抵抗をものともせず、かえって現在に至るまで強大化してきている背景には、このビジネスモデルが世界のあちこちで受け入れられ、人々の抵抗感を取り除いてきたことに加えて、レーガノミクス以降の経済的変化が関係していた。没落する中産階級や増大する貧困層という潜在的顧客が増加したところへ、より低コストを実現できる移民労働力が供給される事態が重なった。こうしてファーストフード業界は、顧客拡大と人件費削減の両面で、格差社会の到来という新たなビジネスチャンスをものにしたのである。

ファーストフードビジネスが八〇年代以降かえって強大化してしまったことは、別の局面にも波紋を投げかけている。いまやファーストフードは、没落する中産階級や、福祉をカットされた貧困層にとってある種の命綱的な存在へと変貌してきている。格差社会になくてはならない存在となってしまったのだ。ファーストフードビジネスは、格差社会を利用してきたのみならず、今やその中枢機能を担っているともいえる。

子どもの頃からファーストフード漬けの人々が再生産されていく状況も、ファーストフード業界には有利に作用する。そうした人々にとっては、それが自分にとって最も身近な味となるからだ。実際、ファーストフードビジネス側もこの点を意識し、次世代の顧客を囲い込むため、キャラクターの導入など、子どもをターゲットにしてきている形跡も認められる。

格差社会の到来とともに、強大化したファーストフードビジネスに対峙することは、かつてのように食の画一化に抵抗するという単純な話ではなくなってきている。ファーストフードの影響力を跳ね返すことはいっそう困難になり始めたのである。

ロードサイドビジネスの進化形としてのデリバリーサービス

加えてファーストフードビジネスは、本来の持ち味である利便性という部分でも消費者を取り込み続けている。その典型的な例が、デリバリーサービスの拡充だ。

そもそもファーストフードは、ロードサイドビジネスとして始まった歴史がある。それは、客が店まで足を運ぶのが大前提だった。だが、道端に店舗があるという利便性を活用する別の方法として、逆に店から届けるという商売も当然考えられる。そうすれば、買いに行くのが面倒だという消費者も、新たな顧客として取り込める可能性がある。もっとも、これには当然コストがかかる。それをビジネスチャンスに変えるモデルとなったのは、ピザの宅配だった。

日本には出前という習慣があるが、アメリカの飲食店は、パーティ用のケータリングを除けば、基本的に出前を請け負う伝統はなかった。だが、ファーストフードの登場でサービスが迅速化されると、食事時間が長くなることを嫌う消費者は、一般のレストランを敬遠するようになる。注文からチップの支払いまで一時間近くかかってしまうことも少なくないからだ。とはいえ、料理の種類によっては、調理時間を短くするのが難しい場合もある。その種の料理に特化していたレストランは、ファーストフードとの競争をどう勝ち抜くかという問題を抱えることになる。その典型的なケースが、ピザ店だった。

元来ピザは、ナポリの低所得者層のストリートフードで、イタリア全域に広まっていたわけではなかった。それがアメリカで一般的になったのは、第二次世界大戦後といわれる。一九世紀末にすでにアメリカに大量に流入し始めていたイタリア系移民には、ナポリやシチリア島など貧しい南部の出身者が多く、彼らとともにピザはアメリカにもたらされていたが、当初はイタリア系以外には浸透していなかった。簡便なフィンガーフードを求めていた産業社会では、各種の創作エスニックサンドイッチの開発が盛んになったが、ピザは手で食べられるにしても、窯で焼くという手間が必要だったのだ。本格的な焼きたてのピザを提供しようとすれば、注文を受けてから数十分、客を待たせかねない。それゆえ、二〇世紀前半の段階では、ピザの人気はホットドッグやハンバーガーには太刀打ちできなかったのだ。

ところが二つの世界大戦で多くのアメリカ兵がヨーロッパでの戦いを経験し、本場のイタリア料理に触れた結果、戦後はアメリカでピザの人気が上昇していく。ナポリのピザはスライスで買うのが一般的で（貧しい庶民にはピザを一枚丸ごと買うことはできなかった）、トッピングも質素だった。代表的なのは、マルゲリータ（トマト、オリーブオイル、バジル、モッツァレラチーズ）とマリナーラ（トマト、オリーブオイル、オレガノ、ニンニク）である。しかし、アメリカでは、ペパロニなど肉類を多く乗せる、より豪華なスタイルへと変質するとともに、スライスというよりは、様々な直径のものを丸ごと提供することが多くなっていった。

ピザのレストランにとって悩ましかったのは、折からの冷凍技術の発展で冷凍ピザも登場したことだった。提供するまでの時間がネックとなり、ファーストフードと冷凍食品両方との競争にさらされたピザのレストランは、顧客をつかむための新たなセールスポイントを必要としていた。それに対する答えが、ピザの宅配だったのだ。

アメリカのピザは、一人用というよりは大勢で分け合うのに向いている。食事の支度が面倒だったり、家族や大勢の仲間でシェアできる食事が必要な時、届けてもらえるとあれば、商機は十分あった。実際、後に三〇分以内の配達をうたい文句にすることになる、宅配ピザの草分けドミノ・ピザが一九六〇年代にミシガン州デトロイト郊外でデリバリーを始めた際、重要な顧客は店の近くの大学の学生たちだった。学生の集まりには、ピザはもってこいだったのだ。これは、ハンバーガー系のファーストフードが必ずしもカバーできてはいなかったビジネスチャンスだった。

宅配ピザの事業者にとっては、配達の信頼性の確保とコストの削減が重要だった。マイクロウェーブの技術革新は、短時間でピザを仕上げることを可能にした。バイクを用いて交通渋滞をすり抜け、配達にかかる時間を減らす工夫もなされた。GPSの普及はさらに強い味方となった。そして、ピザを入れるための油汚れに強くディスポーザブルな箱の開発や、ピザを保温するためのバッグの改良によって、コストを削減し、顧客の満足度を上げてきたのだ。

宅配ピザは、ロードサイドビジネスの新たな可能性を切り開いた。店までの往復時間を考えれば、他のファーストフードと十分渡り合えるビジネスモデルを構築し、外に出なくとも短時間で大人数の食事が取れるようになったのだ。しかも、以前なら店で何十分も待たされたであろうピザを。

こうして宅配ピザは、ファーストフード業界に新たな競争をもたらす形で、その一角に食い込むことに成功した。他のファーストフードもデリバリーサービスの導入を検討せねばならなくなった。こうした動きは、小規模な飲食店全体にも広がっており、一定額以上注文すれば一定範囲の顧客にはデリバリーするというサービスが珍しくなくなってきている。デリバリーサービスは、ロードサイドビジネスの商機拡大の舞台となったのである。

ロードサイドビジネスからフードコートへ

ヒッピーたちの食文化革命にもかかわらず、このようにファーストフードの利便性は向上し続けた。だが、ファーストフードには、メニューを絞り込み、特定のタイプの料理に特化せざるをえないという弱点があった。効率の追求の代償としての多様性の欠如である。ところが、この弱点すら克服する手法が次第に普及していった。フードコートである。

フードコートとは、数種類のファーストフード店が集結し、中央に共用の飲食スペースを設けたもので、ショッピングモールの中に多い。従来型のデパートと異なり、独立した店舗を集合させた形式のショッピングモールは、第二次世界大戦後のモータリゼーションとともにアメリカ各地に登場したが、一九八〇年代以降はそれがさらに大型化しただけでなく、都市の再開発とともに都会の一等地にも作られるようになった。それはファーストフードがさらなる飛躍を遂げた時期と一致する。そうしたショッピングモールでは家族連れで気軽に安く食事をできる場所が求められていた。その答えがフードコートだったのだ。

通常フードコートでは、競合しない異なるレパートリーを持つ店が集まり、結果として多様な種類のファーストフードが味わえるようになっている。ハンバーガーからフライドチキン、サンドイッチからピザに至るまで用意されているのだ。ここでは、家族が皆同じ店の前に並ぶ必要はない。各自の好みで、いろいろな店の料理をチョイスできるのだ。しかも低価格で短時間に食事を済ませられる。

加えてフードコートの発達は、従来はファーストフードに含まれていなかったような食べ物をファーストフード化して提供する流れも作り出した。それが典型的に表れているのが、エスニック料理のファーストフード化である。イタリア料理のピザやメキシコ料理のタコスなどは、比較的早い時期からファーストフード界にお目見えしていたが、その後エスニックフードのファーストフード化の動きは影を潜めていた。ところがフードコートでは、中華や日本食、タイ、ベトナム、ギリシア、中東料理などの店も珍しくない。

アジア系の料理の場合は、カフェテリアのように目の前にすでに数種類の料理が用意されていて、それらの中から二、三種類を選ぶ形式や、注文を受けてその場ですぐに調理できる（鉄板焼きのような）ものが多い。カウンターサービスでの提供が可能なようにメニューを絞り込んだ形で、エスニック料理が提供されているのだ。また、ギリシア風のサンドイッチであるピタや中東のシシカバブなども、フードコートで味わえるようになっている。エスニック系ファーストフードは、ピザとタコスを除けば街道沿いには少なく、むしろショッピングモールなどの屋内のフードコートに圧倒的に多い。

フードコートは、一店舗当たりの料理の多様性の欠如というファーストフードの弱点を、ファーストフード店同士が協力しあうことによって克服するモデルとしての意味を持つに至った。

それは、効率追求の代償となったものさえをもファーストフード業界が乗り越え、いつしか道端を飛び出して建物の中に進出したことを象徴している。安く、速く、しかも多様だといえるビジネスモデルにファーストフード業界はたどり着いた。かつてのロードサイドビジネスは、ここまで進化を遂げたのだ。

2 肥満大国への警鐘とフードビジネスのパラダイムシフト

『スーパーサイズ・ミー』

格差社会を巧みにビジネスチャンスに変えたファーストフードは、ビジネスモデルとして不動の地位を確立し、そのサービス内容の利便性や種類もかつてのロードサイドビジネスの時代から飛躍的に向上した。食糧納入先としても雇用創出源としても巨大な存在感を獲得したこの業界は、飛ぶ鳥を落とす勢いだった。だが、ファーストフードの弊害を感じていた人は、残された数少ない死角に照準を合わせることで巻き返しをはかろうとした。それは、健康への影響である。そして、それを訴えようとした人々は、かつてのマックレイカーズが新聞や雑誌に暴露記事を載せて食肉業界を追い詰めたように、メディアを利用した。それは、マックレイカーズの時代にはまだ黎明期だった映画だった。実際、二一世紀になると、ファーストフードの健康への影響をテーマにした映画が盛んに作られるようになる。その先陣を切ったのが、モーガン・スパーロックが製作した『スーパーサイズ・ミー』（二〇〇四）というドキュメンタリー映画だ。

これは、スパーロック自身が、一ヵ月間マクドナルドのスーパーサイズのハンバーガーセットを一日三食食べ続けたらどうなるかという人体実験に挑戦した記録である。食べ始めて数日後には体に甚大な影響が表れ始め、彼はこの実験を途中で医者に止められる。脂肪過多、糖分の取りすぎ、肥満、肝機能の低下などが赤裸々に描かれている。

ファーストフード業界では、安い労働力でコスト削減し、割安感を感じさせ、経済的に恵まれない人々をさらに吸い寄せるという販売戦略をとってきた。そのため商品の大型化競争が起こったわけだが、それはかねて低蛋白高脂肪の傾向が強かったファーストフードの商品がいっそうその傾向を強める結果になった。

この人体実験映画は、格差社会の到来で、そうしたファーストフードへの依存度を高めざるをえなくなった貧困層がさらされる健康へのリスクがいかに大きいかをあらためて考えさせてくれる。貧困層ほど健康被害を受けやすく、病気で働けなくなる人が増えれば、医療費をはじめとするその社会的コストがどうなるのかは、深刻な問題だ。

スパーロックは、ファーストフード産業が巨大化する中で、健康面への取り組みがおろそかにされてきたことを告発した。実際、これを受けて、ファーストフード業界は対応を余儀なくされたといえる。油の改良、コレステロールのカット、メニューの成分表示などである。

スパーロックの告発は、食の安全を問題化した点では、二〇世紀初めの規制と改革の時代にアプトン・シンクレアが食肉工場の不衛生な実態を暴露したのと共通の問題意識に根差している。それは、規制と改革の時代には旺盛だった、私企業の横暴を告発し、公共の利益を守ろうとする精神を蘇らせるものだ。こうした発想は、他の映画にも登場している。

『ファストフード・ネイション』

スパーロックが健康被害という観点からファーストフードの問題を取り上げたのに対して、ファーストフード業界が体現している搾取の構造に着目したジャーナリストに、エリック・シュローサーがいる。

彼は、『ファストフードが世界を食い尽くす』(二〇〇一)という著書を発表し、それを基にした、『ファストフード・ネイション』(二〇〇六)という映画も作られた。この映画に描かれているのは、ファーストフードビジネスの安全に対する意識の低さのみならず、この業界が格差社会そのものを体現しているという事実だ。

この映画は、何人もの人物の物語が同時進行する形で展開する。メキシコからの不法移民は、斡旋業者の手でコロラド州の精肉工場に派遣される。そこでは、牛を解体してファーストフード用のハンバーガーのパテが作られているのだが、その工程には危険な作業が多く、実際、負傷者が出てしまう。また、上司は立場の弱い不法移民の女性を次々に性的に搾取し、流れ作業のラインでは衛生管理も行き届いていない。一方、ハンバーガーに不純物が混じっているとの極秘の情報を得た社員が内密にこの工場を調査しようとするが、工場側は実態を隠し、安全意識の見直しが進まない中で新製品の開発だけが着々と進んでいく。

この映画は、食肉工場の不衛生や危険、さらには食品業界の不正を告発している点では、アプトン・シンクレアの『ジャングル』を彷彿させるし、移民が搾取されている点も似ている。社会的弱者を搾取し、消費者を欺くという両者の構造的類似性は、現代アメリカがそれだけかつてのあの金ぴか時代的な、巨大資本が幅をきかせ、富が偏在する格差社会に逆戻りしていることを暗示している。と同時にそれは、金ぴか時代を乗り越えようとした、かつての規制と改革の時代の公共の利益を守る精神をも呼び覚まそうとしているのだ。

このようにファーストフードに対する現代の問題意識は、食の画一化への抵抗という次元を超えた広がりを持ち始めている。かつての金ぴか時代的な状況へと逆戻りしているのではないかという危機感が、ファーストフード批判の新たな争点として浮上したのだ。

今やファーストフードは、現代のビジネスモデルの手本となっただけでなく、格差社会の底辺の移民労働力によって支えられ、没落した中産階級以下の顧客から確実に収益を吸い上げることによって、格差社会から恩恵を得つつ、格差社会の搾取の構造の固定化に加担してきている。かつてヒッピーたちは、ファーストフードに代表される食の画一化からの脱却を提唱したが、有機農業も、菜食主義も、エスニックフードリバイバルも、ファーストフードの牙城を切り崩すことはできなかった。ファーストフードが格差社会と分かちがたく結びついたことで、それはいっそう困難になった反面、格差社会への危機意識や公共の利益への関心の高まりによって、ファーストフードとは異なる世界を志向する力も湧き出てきたのだ。この構図は、かつての食肉業界のように、今度はファーストフードビジネスが現代の格差社会の争点へと浮上しつつある様子を映し出している。

実際、ファーストフードに対する告発と歩調を合わせるかのように、現代アメリカでは、脱ファーストフードというべき動きが出始めている。次にそのいくつかを見てみよう。

フードトラックと新たな路上食文化

ファーストフードの重要な特徴の一つは、フランチャイズ制だ。同じ店構え、同じメニューであることが顧客に安心感を与えるからだ。だが、ファーストフード的な手頃感やその発達の源となった自動車社会との接点を維持しながらも、フランチャイズ制や大量生産モデルとは一線を画すフードビジネスが登場してきた。その一つが、フードトラックである。

フードトラックとは、宅配便の配送車のような車体の後部に、注文を取るための窓口と調理器具を装備した、移動屋台のことである。現在のアメリカの大都市では、こうしたフードトラックが集結する一角があり、お昼時ともなればオフィスで働く人たちがお目当てのトラックの前でテイクアウトのための行列を作る光景がよく見られる。車体は料理の絵や値段を記した数字で溢れていて、デザインに凝った車体も珍しくない。

フードトラックは、一軒の店を構える資金はないが腕には自信があるという人が参入するケースが多い。フランチャイズ化されたファーストフードでは、どこでも同じ味を提供する必要から、料理に創意工夫を施す余地などない。だが個人経営なら、自分の自信作のメニューで勝負できる。同じ場所に同じ時間に現れ、口コミで顧客を増やすのが一般的だ。

だが、調理の設備が小さいため、当然ながら大量生産はできない。売り切れれば営業終了だ。逆にいえば、フードトラックブームは、いつでもどこでも同じ味の画一化された食べ物に代わって、場所も時間も限られた中でしか味わえない、特定の料理人の食べ物を人々がわざわざ求め始めたことを意味しているのだ。

フードトラック　フードトラックは道路に縦列駐車するのが一般的だが、オレゴン州ポートランドの中心部には、フードトラック専用のスポットがいくつかあり、歩道に面した駐車場に後ろ向きに並んで駐車している。歩道に屋台が並んでいるかのようだ

フードトラックの存在感が増している様子は、ジョン・ファブロー監督・主演の『シェフ』（二〇一四）という映画にも描かれている。これは、カリフォルニアのレストランの雇われ料理長が旧態依然た

るメニューの刷新をオーナーに却下され、批評家にも酷評されたことから、再起をかけるべくフードトラックに転身する物語だ。マイアミ（フロリダ州）、ニューオーリンズ（ルイジアナ州）、オースティン（テキサス州）の各地で地元の郷土料理からもヒントを得ながらさらに腕を磨いたシェフのフードトラックは、かつて自分を酷評した批評家から認められ、ついには自分の店を持つまでになるというサクセスストーリーだ。アメリカの豊かな食文化を再発見し、自分が本当に作りたい料理にチャレンジする場として、フードトラックが描かれている。そこには、アメリカの食文化が自由を取り戻していくイメージが重ねられている。

一方ではフードトラックは、かつてのダイナーの伝統も連想させる。路上に駐車し、産業社会の隠れたニーズを開拓したダイナーと同じく、ファーストフードでは満たされない人たちの潜在的な需要を掘り起こす姿は、新たな路上食文化の到来を告げている。

クラフトビールの興隆

フランチャイズ制とは正反対に、大量供給と一線を画し、その場限りの味を追求することで、ファーストフードとは異なるフードビジネスのモデルを構築しようとする動きは、酒作りにも見られる。それが典型的に見られるのが、クラフトビールの興隆だ。

クラフトビールとは、一般には大手のビール会社以外、とりわけマイクロブリュワリーと呼ばれる小規模なビール工場で生産される、製法にこだわったビールを指す。日本でいう地ビールと思えばよい。マイクロブリュワリーの生産能力は、せいぜい年間一八〇〇キロリットル程度にすぎず、流通範囲も限られていることが多いが、常時数種類のビールが作られており、材料を厳選したものや、季節ごとに違う銘柄を製造しているのが一般的だ。当然ながら、こうした製造方法ではコストがかかるので、その分値段は割高だ。だが、大量生産されたビールでは味わえない個性的な地域限定・期間限定の味に出会えることから、人気は高い。

日本ではビールというと、黄金色のラガーをすぐに思い浮かべるだろうが、実はビールは素材や工程によって様々な種類にわかれる。色もアルコール度数も実に様々なのだ。褐色系のスタウトやポーター、琥珀色系のアンバーやレッドエール、様々なフルーツや野菜のフレーバーのものもある。スコットランドやベルギー風のビールの中には、アルコール度数の高いものもある。アメリカのマイクロブリュワリーで特に人気が高いのは、ペールエールやインディア・ペールエールと呼ばれる種類だ。今ではビールにはホップが常識となっているが、中世以来、ビールの風味にはハーブなど様々な素材を使ってきた試行錯誤の歴史がある。マイクロブリュワリーは、豊かなビール文化を復活させた面を持っている。

マイクロブリュワリーと歴史との接点は、他にも見られる。クラフトビールのブームが本格化したのは、一九八〇年代になってからだ。七〇年代末にビールの製造に関する規制が緩和されたことが大きな転換点となった。その時点で全米で一〇〇にも満たなかったマイクロブリュワリーの数は、今では四〇〇〇を超える。このブームの重要な火付け役になったのが、一九八四年設立のボストンビール会社が製造した、サミュエル・アダムズという銘柄だ。

この名前、読者の方は覚えているだろうか。第1章で言及したボストン茶会事件の首謀者にして、ビール製造者の名だ。ボストンの地に相応しく、アメリカのビール文化の原点を彷彿させるかのように彼の名にあやかっているというわけだ。概してアメリカの大手ビールメーカーの製品はアルコール度が低く、飲みやすい反面、パンチが足りないと感じていた消費者が少な

ブリューパブ　ミネソタ州ミネアポリスは、マイクロブリュワリーのメッカとしても有名。その一つ、1997年設立のタウン・ホール・ブリュワリー

ブリューパブのメニュー　タウン・ホール・ブリュワリーが併設するブリューパブのウォールアイ・タコス。タコスは、トルティーヤをオープンサンドイッチのように巻くメキシコ料理だが、ここでは中身を地元でとれる淡水魚ウォールアイのフライにしてある。ブリューパブの中には、このように料理にもこだわりを見せる店が多い

くなかった。サミュエル・アダムズは、しっかりしたコクと飲みごたえでビール愛好家の心を摑んだ。その知名度と流通量は、今や全国区といってよい。

クラフトビールと歴史とのつながりは、さらに別の面にも見られる。マイクロブリュワリーでは、出来立てのビールをその場で客に提供している場合が多いが、そうした場所では、ブリューパブと呼ばれるレストランが併設されているケースも珍しくない。ビールのつまみのようなメニューが中心だが、本格的なレストランも顔負けの立派なメニューを擁している所も少なくない。実際、こうした店のオーナーは、ビールのみならず、食事へのこだわりも強い人が多く、居酒屋というよりは、ビール好きの食通が集う場のようになっている。

かつて植民地時代には、酒好きの食通がたむろしていたタバーンという飲食施設があった。当時はラム酒が主流で、ビールは影が薄かったが、酒とグルメを強く結びつけた飲食施設は、その後アメリカで大きな発展を遂げたとは言い難い。酒は酒場に特化していき、禁酒法のあおりも受けた。レストランは酒も出すが、それが店の看板ではなくなっていった。酒とグルメ両方へのこだわりを見せるブリューパブは、タバーンの現代版ともいえる。

定着するファーマーズマーケット

フードトラックもクラフトビールも、大量生産された平凡な味に飽き足らず、時間や金を多少犠牲にしても個性的な食に出会いたいという欲求が強まりつつあることを物語っている。加えてそこには、ダイナーやタバーンといった、アメリカ食文化史の遺産が形を変えて再利用されている形跡も見られる。ここで注目されるのは、こうした現象の根底に流れているローカル志向である。フランチャイズ化された、ないし大量生産された全国どこにでもあるような味ではなく、その地域でしか味わえない食べ物に対する志向が強まっているのである。この傾向は、さらに別の現象にも当てはまる。ファーマーズマーケットだ。

　現在、アメリカの大半の都市では、ファーマーズマーケットと呼ばれる定期市が開かれている。市街地の中心部を歩行者天国にしたり、広大な駐車場や公園の敷地を活用するなどして、近在の農家が露店を出店する。こうした朝市は、週一回（主として土曜日）開催が多いが、週に三回程度開催されているケースもある。

ファーマーズマーケット　1981年から行われている、カリフォルニア州サンタモニカのファーマーズマーケット。場所を変えて週に3日開催され、年間の買い物客の人出は90万人に達する

　ファーマーズマーケットでは、とれたての新鮮な農作物を仲買を通さずに直接購入できるので、消費者にはメリットが大きい。一方の農家にとっても、出店の手間に見合う見返りがある。消費者と直接やり取りすることで、互いのコミュニケーションが深まる。消費者の要望を聞い

て今後の事業のヒントを得られるし、逆に農家の考えを伝えることもできる。地元の農家として愛着を持ってもらい、顧客を獲得できれば、経営の安定にもつながる。

ファーストフードビジネスがいっそう強大化する中、その弊害を告発する動きは、かつての食肉産業同様、格差社会の争点としてファーストフードを問題化していく感覚を呼び覚ました。それと歩調を合わせるかのように、ファーストフード型の大量生産モデルとは一線を画すフードビジネスのスタイルも出現してきた。そして、その流れの根底にあるローカル志向は、地元の農家と消費者との新たな関係をも紡ぎ出し始めた。こうしたうねりは、農業そのもののあり方への再検討へと発展してきている。次にその様子を見てみよう。

3　農業共同体の再構築——効率から公益へ

アグリビジネスと農業の工業化

金ぴか時代と現代の共通点は、ともに格差社会の様相を呈し、食べ物を社会的争点として浮上させた点だ。実際、かつて食肉業界の安全管理が問題視された歴史と、現代のファーストフードの健康への影響が問題視されている状況との間には、類似点が見られる。だが、一〇〇年前の改革精神と現代のそれとを比較した時、決定的に違う部分も存在する。確かに、金ぴか時代直後の規制と改革の時代には、食の安全意識が旺盛だった。だが、それは、そもそもの食糧生産の原点というべき農業の刷新までは視野に入っていなかった。ところが現代アメリカでは、ファーストフードへの批判がローカルな食文化のあり方へと波及していく中で、農産物の流通そのものを見直そうとする発想が台頭してきた。そしてそれは、地元の農業はどうあるべきかという観点へと発展してきているのだ。

ファーストフードビジネスの強大化は、食糧購入業者としてのファーストフードの地位を飛躍的に高めた。ファーストフード側は、自分たちが必要な食材を大量に発注する代わりに、低価格での納入を生産者に求めるようになる。大口の顧客を失いたくない生産者側は、コスト削減に応じざるをえない。そうした価格競争は、小規模の独立経営の農家にとっては不利だ。九〇年代末には、農場数全体のわずか三％程度にすぎない販売規模五〇万ドル以上の大規模農場が、販売額全体の半分以上を占めるに至ったのに対し、農場数で過半数を占める販売額一万ドル未満の小規模農場は、販売額全体の一％程度になってしまった。

個人経営の農場は、次第に大規模な農場やそれらを統括するアグリビジネスと呼ばれる農業企業体に買収され、統合されていった。こうしたプロセスを繰り返すことでアグリビジネスが巨大化し、その資本力にものをいわせて農産物の生産、流通、販売、技術開発など各方面を傘下に収めるようになると、穀物や食肉の市場は、カーギル社を筆頭として、金ぴか時代のような寡占状態の様相を呈してくる。今や、ファーストフードがアグリビジネスに低コストを求め、それをアグリビジネスが農家に突きつけることで、ファーストフードとアグリビジネスの双方が農家を搾取して利益を上げるという構図が出来上がってしまった。このような状況は、工業における親工場と下請け工場のような関係に似ている。格差社会の二極化現象が、農業の世界にも出現したのだ。

また、アグリビジネスは、巨額の研究資金をつぎ込んで遺伝子組み換えの品種を作り出し、その種を農家に供給している。ファーストフードに納入できるような農産物の大量生産を低価格で行うためには、病虫害への耐性が強い、こうした遺伝子組み換えの品種に頼らざるをえない。しかも、この分野に君臨してきたモンサント社が開発した種の中には、一世代しか耐性が有効でない種子も少なくなく、その場合、農家は種を毎年購入し続けなければならない。農家としては、アグリビジネスに抵抗すると、種そのものの供給を断たれてしまう可能性があるので、アグリビジネスのいいなりにならざるをえないのである。

このように、現代のアメリカの農業では、ファーストフードとアグリビジネスの力が強大化し、農家は単に栽培を請け負っているような弱い立場に置かれている。しかし、農家の立場を弱くし、低価格競争や効率的生産を強いることには、多くの代償も伴う。

効率的農業生産の代償

仮に耕地面積や家畜の数を農家は簡単には増やせないと仮定すると、大規模に効率的な生産を行うためには、単位面積当たりの収穫量を上げるか、一頭あたりの家畜の大きさを大きくするしかない。となれば、化学肥料や除草剤を使いながら、特定の作物の単作を徹底したり、病虫害に強い遺伝子組み換え作物に切り替えたり、家畜にはホルモン剤を投与するという手法に頼ることになる。しかし、こうした手法の安全性には疑問が残る。

元来、土地には微生物を含めた様々な動植物からなる生態系があり、その中のどれか一つを突出して繁栄させること自体に無理がある。それを無理やり実現させるために殺虫剤や化学肥料や遺伝子組み換え品種に頼ることは、土地そのものが持っている養分のバランスや有害物質の除去機能を破壊し、特定の作物の生産量の増加と引き換えに土地そのものの荒廃や汚染を引き起こしかねない。化学物質が少しずつ生物に蓄積されていくことで、様々な弊害が発生することも考えられる。

また、あたかも工業製品を生産するかのように家畜を太らせて出荷するのも、飼料の量産が大前提だ。これ自体が農業の大規模化や効率化に拍車をかける悪循環を生んでしまう。

つまり、大規模で効率的な単作による農場経営は、その作物を効率よく生産する方法であるかに見えて、将来の農業や食品の安全性そのものを犠牲にしかねない。ファーストフードの強大化に伴う農業の変化は、このままこのような農業でよいのだろうかという疑問を一部の人々に巻き起こした。そして、そうした人々は、一九八〇年代後半からこうした農業の危機に対応する新たな農業のモデルを模索し始めてきている。

新しい農業のモデルとしてのCSA

現在アメリカで行われている、新たな農業の代表的なモデルは、CSA（地域支援型農業）と呼ばれている。これは、Community Supported Agriculture の頭文字をとったものだ。アグリビジネスに牛耳られた大規模農家によるファーストフードのための農業生産と一線を画し、地域社会が農業を支える取り組みで、独立経営の小規模農家を救済しながら農地を保護し、安全な食品を消費者に届けようという試みだ。CSAにはいろいろなバリエーションがあるが、典型的な仕組みは次のようになっている。

まず、ある地域の住民がお金を出し合ってグループを作り、地主と交渉して土地を提供させ、農民を雇ってそこで有機農業をしてもらう契約を結ぶ。その際、一年間の諸経費や給与を前もって支払う。農民側は、一年間の栽培計画を立て、いつどれだけの種類の農産物をどれだけ出資者に提供するか、計画に沿って農業を行う。もし不足が出れば出資者が負担して補い、余剰が出れば出資者に配給するか、出資者の同意の下で部外者に販売する。

こうした仕組みを支えているのは、以下のような精神である。第一に、小規模な農家を地域住民全体でサポートすることで、農民の生活を安定させ、その代わりに安全な（殺虫剤や化学肥料を用いない）農産物を住民に供給してもらうという考え方だ。第二に、土地を単作にするのではなく、多品種の作物を栽培することによって自然の生態系を守るとともに、そのような農地を増やしていくことで地域全体の環境改善をはかるという発想だ。

つまり、消費者は安さばかりを求めず、生産者は収益ばかりを求めず、むしろ、お互いが食いっぱぐれることのないようにしながら、コストよりも食品の安全性と地域の環境の改善を優先した農業を育てていこうというアイデアなのだ。実はこうしたアイデアのルーツは、必ずしもアメリカにあるわけではなく、むしろアメリカ以外の様々な地域での実践活動をアメリカに合わせて組み合わせたものといえる。実際、CSAのモデルの重要なヒントになっているのは、オーストリアの思想家ルドルフ・シュタイナーが提唱した有機農業のモデルや、土地トラスト運動、日本の生活クラブのシステムなどであり、これらが組み合わされてCSAの概念が成り立っている。外部のものを組み合わせてどこにもないものを作るという点では、植民地時代のアメリカの食に似ているところがある。

典型的なCSAでは、一〇〇家族程度が一～三の農場と契約して進めるような小規模なものが多い。地域的には北東部やカリフォルニア、北西部や中西部の大都市近郊などで盛んになりつつある。儲かる農業というわけではないが、農民は作物の販売先が保証されているし、消費者も安全な農産物が獲得できる計算が立つ。アメリカの農場の総数約二〇〇万に対して、CSA農場はまだ一〇〇〇軒に満たないが、その試みは着実に広がってきている。

食を超えたCSAの効用

CSAは、ヒッピーたちが目指した有機農業を、地域社会でよりシステマティックに実現しようとする仕組みといえる。ヒッピーたちの遺産は、より持続性のあるモデルへとここに蘇ったのだ。そして、CSAが地道な歩みを続けている背景には、CSAが単に食糧供給の新システムという点以上の副産物をもたらしていることも関係している。

まず、CSAを始めた所では、住民同士の絆や連帯感、相互扶助の精神が深まる傾向にある。ともに資金を出し合い、自分たちの農場を助けているという感覚が生まれることで、農民と消費者の関係も密になっている。単なる消費者ではなく、農産物の共同生産者だという感覚が住民に広がり始めているのである。

こうした人間同士の関係の深まりは、地域への愛着につながり、地域を向上させようという空気を生む。時としてそれは、地域の自然を守ろうとする環境意識の高まりや、地域に生活する様々な職種の人々の生活を守っていこうとする雰囲気を作り出す。こうして、収益や効率に惑わされることなく、地域の自然や人々の生活を自分たちの手で守り育てようとする発想が強化されているのだ。

さらに、農産物を外部から供給してもらう度合いが軽減されることで、いわゆるフードマイレージの問題にも効果が期待できる。輸送コストが削減されれば、二酸化炭素の排出削減にもつながるからである。自給自足的な経済圏が出来上がることで、地元でお金が回り、外部資本に富が吸い上げられていくという状況に歯止めをかける効果も表れてきている。

効率や収益よりも安全と環境を優先しようとするCSAは、地域社会再生に貢献しつつあるだけでなく、食物の生産・流通・消費のプロセス全体を競争的市場主義経済から保護し、食糧をめぐる公的秩序を再構築しようとする考え方をも浮上させた。実際、現代アメリカでは "Food Justice"（食糧正義）という言葉が登場するようになってきた。

この言葉自体は、今世紀になってから盛んに使われるようになったものだが、その基になっているのは、"Environmental Justice"（環境正義）という概念である。これは、有害物質を出す工場や施設がマイノリティや低所得者層の居住地に集中する傾向があることを問題視する立場の人々がよく用いた言葉で、環境格差が所得格差と重なることによってますます貧困層が搾取されていく状況に警鐘を鳴らすものだった。そうした発想が、今度は環境だけでなく、食べ物へのアクセスそのものという次元にまで拡大されているのだ。

実際、現在のフードジャスティスという概念は、環境への正義という側面と人への正義という面を併せ持つ。つまり、たとえ食べ物を得ることが目的だとしても、環境に負荷をかけたり、生態系を破壊するような農業はすべきではないという考え方と、安全な食に誰もが確実にアクセスできるようにすべきだという考え方の両方を含んでいるのである。前者がCSAと深く関係しているのは明らかだが、後者に関しては、CSAを超えた文脈にも及んでいる。典型的なのは、いわゆる「食糧砂漠」（Food Desert）をめぐる問題である。

ＣＳＡにおける人への正義は、皆が公平に負担して農家を支え、安全な食べ物を分かち合うという意味合いが強いのだが、この考え方がもっとラディカルになり、貧しい人でも確実に食べ物にアクセスできるようにすべきだという考え方が生まれてきた。アメリカでは、食料品店やスーパーマーケットが貧困層が多く採算が見込めないような地区から郊外の富裕層の多く住む地区へと撤退する傾向にある。それゆえ、車を持たない都市内部のスラムの貧困層の人々は、食糧の調達が難しく、結果的に健康的とは言い難いファーストフードに依存し、肥満が増えるという悪循環が生まれている。現在アメリカでは、こうした「食糧砂漠」を解消するためのＮＰＯが各地で活動しており、小売業に協力を要請しながら食糧へのアクセスを改善しようとしている。

こうしたフードジャスティスの考え方に基づいて現実の社会を変えようとする実践的な取り組みは、昨今では「フードアクティヴィズム」と呼ばれている。その種の動きの中には、食糧砂漠を解消するために小売業に働きかけるといった、消費者運動的な要素を含むものだけでなく、自分たちの手で安全な食糧を生産しようとする試みへと発展している例もある。ＣＳＡでは農家を雇うのが基本だが、自らが農民の役割を果たすことで食糧を確保しようというのだ。そして、地域住民が共働して食糧生産に従事することで、自分たちの住む場所の自然環境を再生し、共同体の基盤を強化しようとする動きも出てきている。そのユニークな実践例として、シカゴのスウィート・ウォーター協会がある。

スウィート・ウォーター協会　シカゴのサウスサイド地区のサウスペリー通りにある活動拠点。壁に絵が描かれている、シンク・ドウ・ハウスと名付けられた建物は、オフィス兼集会所で、その周りや通りを隔てて農園や作業場がある

この団体が主に活動しているのは、シカゴの代表的黒人居住区、サウスサイド地区だ。都心からはバスや地下鉄で三〇分程度の距離にあり、いわゆる都市中心部のスラムとはやや違った雰囲気の場所だが、貧困や犯罪など数々の問題を抱え、失業率も高く、食料品店も少ない。この団体は、廃校となった学校の敷地を農地に転用し、周辺住民に農業の技術指導を行っている。住民たちは、この団体からの支援の下、必要な設備を自分たちで作り、定期市を開催している。加えて、この団体が重視しているのは、住民自身が意識改革の輪を広げていくことだ。住民同士の啓発活動やアートの要素を加味したDIY活動などが盛んに取り入れられている。農地をともに耕す経験を核に、食糧供給と生活の安定化を図り、住民が地域の問題を自力で解決していけるような地域創生のあり方が模索されている。農地を再生させ、人々が農民の役割を共有することによって、人々を、ひいては地域社会を再生させるというシナリオは、フードアクティヴィズムの中でも注目すべき試みといえよう。

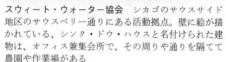

アグリフッドの実験

このようにCSAの導入やフードアクティヴィズムの実践は、競争的市場主義経済と一線を画しながら、食糧供給のあり方そのものの新たなモデルを生み出すとともに、農業の刷新と既存の地域社会の立て直しとを強く結びつけるようになってきている。その延長線上に、いっそのこと、こうした新たな農業モデルを組み込んだコミュニティを人工的に作ってはどうかという発想が出現しても不思議ではない。実際、近年のアメリカでは、このタイプの民間の不動産開発が行われ始めており、農業（Agriculture）と隣近所（Neighborhood）の二つの語を組み合わせて「アグリフッド」と呼ばれている。

アグリフッドの代表的な例としては、カリフォルニア州デイビスにある、キャナリーと呼ばれるコミュニティが挙げられる。カリフォルニア大学デイビス校を核としたこの町は、以前から環境意識が高いことで有名だ。市内には自転車専用道路が整備され、脱自動車社会へ積極的なだけでなく、ソーラーパネルの設置やファーマーズマーケットの開催にも熱心に取り組んできた歴史がある。ヒッピーたちの有機農業の流通拠点として機能したものの、多くが七〇年代に姿を消した生活協同組合も、この町ではいまだに健在だ。そのデイビスの中心部の北側に、農地を取り囲むように居住エリアを近接させた新たな分譲住宅地として開発されているのが、キャナリーである。住民はコミュニティ内で有機農業に参加して安全な農産物を確保でき、外部への食糧依存度を低くすることができる。

こうしたアグリフッドは、農地と住宅地の両方のスペースを確保する必要や、住民が農業だけでは生計を立てられないために通勤することを想定して、都市近郊に建設されるのが一般的である。ただし中には、アリゾナ州フェニックス近郊のギルバートにあるアグリトピアのように、定年退職者の居住区を備えたものや、ジョージア州アトランタ郊外のセレンベのように、都市圏からの独立性の高い例もある。アグリフッドの開発はまだ始まったばかりであり、今後様々なバリエーションが増えていくことも予想される。

都市農業のフロンティアとしての屋上農園

アグリフッドの構想は、都市住民と農業との新たな関係が模索され始めたことを示している。そして、アグリフッドとは正反対に、既存の都市空間の中に農業が可能な空間を設置しようという試みも出てきている。それは、建物の屋上を農園にしようというアイデアだ。

屋上の緑化は、都市の環境改善やヒートアイランド現象の緩和が期待できる、魅力的な施策だ。だが、屋上農園を作るには手間がかかる上、制約も大きい。土を運び込む必要があるし、その重さに耐えられるよう、建物の構造を補強する必要もある。雨や雪をどう処理するか、排水設備も問題だ。また、屋上は風が強いこともあるため、背丈の伸びる作物はなぎ倒されやすく、栽培には向かない。屋上農園はコスト的には割に合わないように見える。

にもかかわらず、これに挑戦する動きが少しずつアメリカでは広がりを見せている。先駆的成功例の一つとして挙げられるのは、二〇〇八年から本格的に活動しているニューヨークのブルックリン・グレインジだ。この団体は、マンハッタンからイーストリバーを渡った対岸のロングアイランドシティで二軒のビルの屋上を農園にし、ボランティアの手を借りながらも、収益を生み出せるまでに事業を発展させてきている。基幹農場は、広さ三七〇〇平方メートルにも及び、小さな温室まで備えている。収穫した有機野菜は、地元のレストランに卸したり、自家製のソースへと製品化しており、これらが収入の大半を占めている。安定した収入を基に一二人の農民を専属で雇い、設備の維持管理やマーケティングなどのスタッフの総勢は七〇名にも達する。

ブルックリン・グレインジ　屋上有機農園事業の成功例の草分け。大通りに面した6階建てのビルの屋上にある

ブルックリン・グレインジでは、CSAにも乗り出している。二〇一八年の場合、出資者は、毎週二五ドルを二三週分、合計五七五ドルを拠出すれば、冬場を除く一年の内の二三週にわたって、収穫された野菜を受け取ることができた。参加者はまだ六〇人程度と小規模だが、事業としての収益性を一方では確保しなが

ら、CSAを都市住民にも広げていこうという意欲が感じられる。

食文化革命への再チャレンジ

ファーストフード全盛に見える現代アメリカ。だが、価格や利便性とは違った価値を食に求める動きは、着実にその裾野を農業にまで広げている。ファーストフードビジネスの健康面への対応の甘さをきっかけとして、格差社会とファーストフードが分かちがたく結びついてしまったことの弊害が強く意識されるようになった。食糧供給を工業モデル的な市場万能主義の弊害から守り、環境と生活を守るための基本的権利として捉え直そうとする潮流は明らかに強まってきている。食べ物をめぐって、その健康への影響や正義や権利といった法的な概念がこれだけ強く意識されるようになったのは、ヒッピーたちの食文化革命の精神を除けば、食肉工場の実態に端を発した食品規制が実現したあの二〇世紀初頭の規制と改革の時代以来といっても過言ではない。

食からアメリカ社会を変革するというヒッピーたちの抱いた夢は、一度は跳ね返され、格差社会の到来でハードルもさらに高くなったかに見えるが、実は今世紀に入って、これに再挑戦するためのカードはそろいつつある。一〇〇年前には黎明期にすぎなかった映画というメディアが、人々の問題意識の啓発に利用できる時代になった。個性的な味を模索する動きは、フランチャイズ化された大量生産とは異なるフードビジネスのモデルを生み出してきている。ヒッピーたちが実践しようとして挫折した有機農業を地域住民が支えるCSAのシステムや、地域住民自らが有機農業に参加する動きも出てきた。そして、それは、格差社会の分断されたコミュニティの再生をも視野に収めつつある。農業の再構築と食糧供給の刷新によってファーストフード帝国にメスを入れられる可能性は、高まっているのだ。

これがヒッピーたちの食文化革命の二の舞にならないためには、どのような戦略が必要だろうか。アメリカで広まりつつある食に対する新たな思考様式が、ファーストフード業界と格差社会の双方に対抗していくためには、自らの理念をさらに明確にする必要がある。

社会のトータルなコストを考える

CSAが農業を工業モデルから守ろうとしているのは明らかだが、なぜそうすべきか、より説得力のある論理を構築することが望ましい。それに有効なのは、トータルなコストという観点を持ち出すことだ。

ファーストフード業界が求めるような農業生産のあり方は、食べ物そのものの価格を下げる点ではコストダウンかも知れないが、代わりに土地の荒廃や健康被害のコストが上昇するのは恐らく避けられない。ラージ・パテルによれば、環境や生態系への影響までコストに含めれば、四ドルのハンバーガーの価格は、実際には二〇〇ドルになるという。将来にわたって社会が負担せねばならないコストやリスクと比較して、どちらが得かを考える議論にもっと社会全体を引きずり込むべきだろう。

やせてしまった土地を回復させるためには、数年から数十年という期間が必要になる。仮に食糧不足を輸入で補うにしても、それは、アメリカから富が海外に流出することを意味し、貿易におけるアメリカの地位は低下しかねない。先端技術でいくら稼いでも、それが食糧の輸入で消えていくといった構図になりかねない。

また、現在でもアメリカでは、成人の四割が肥満とされる。このまま行けばいずれ将来は国民の半分がBMI25を超えてしまい、生活習慣病の大きなリスクに伴う医療費の増大が恐らく深刻な問題になる。仮にアメリカが貧弱な公的医療保険制度を本格的に拡充するなら、そのコストは社会全体で抱え込まねばならなくなる。医療費は自己負担という従来の方針にしがみつくとなれば、貧困層はもとより、所得層中位の人までもが医療費で破産するか命を落とすことになろう。莫大な時間と労力をかけて育成してきた社会の人的資源そのものを、アメリカはみすみす失っていくリスクを抱え込みつつある。安い食べ物を作るより、安全な農業と食育に力を入れた方が安上がりなのだ。

このように食べ物をめぐるトータルなコストという観点をもっと打ち出すことで、食からアメリカを変革するという動きには弾みがつく可能性がある。実はこうした戦略は、かつての規制と改革の時代にも見られたものだ。女性たちの禁酒運動は、食習慣をトータルに考えるという発想に根差し、食品に対する安全意識の向上に貢献した。トータルに考えるという発想の持つ社会変革への効果は、十分計算できるはずなのである。

コンパクトな経済圏とコストの公平な負担を考える

だが、かつての食の問題をトータルに考えるという考え方は、効率優先のファーストフードの台頭を防ぐことは出来なかった。その見地からすれば、コストをトータルに考えるだけでなく、その負担のあり方という点にも人々の関心を惹きつけるべきだろう。

ファーストフードビジネスを支えている現在の市場万能主義的な食糧生産や流通のあり方は、社会のあちこちで犠牲者を生む形で成り立っている側面がある。農家は下請け工場のような弱い立場に置かれ、スーパーマーケットが撤退した貧困地区の住民は低賃金のファーストフードを働き口として、また食糧源として依存せざるをえず、結果的にこれが格差社会を強化し、貧困層の肥満の増大という悪循環を生んでいる。巨大な資本が一元的に食糧を支配するような現在の構図は、人々の富がそこに吸い上げられてしまうだけでなく、巨大な利益を得る側と搾取される側との間の不公平感を助長している。

その点、CSAは、食糧自給率を高めることで外部資本に支配されにくいコンパクトな経済圏を住民自らが作り、それを公平に負担して行くという風土を持っている。トータルなコストを考えるだけでなく、その負担のあり方も公平にしようという考え方をもっと打ち出せれば、深刻な格差社会に苦しむ人々からの共感はより得られやすくなるだろう。

儲かることより暮らしやすいことを考える

トータルなコストと公平な負担という観点は、ともに効率優先の営利第一主義とは一線を画すものだ。これは、食べ物という生存上欠かせないものにまで工業生産のような競争的市場主義を持ち込むべきではないという考え方に通ずる。つまり、食べ物を収益性という観点から生産するのではなく、命を保証するものとして考える発想への転換を可能にする。

こうした考え方には、なぜ食糧をビジネスの対象としてはいけないのかという反論がありうる。しかし、これに対しては、生活のあらゆる領域を私たちは競争原理に委ねているわけではないという観点をもっと打ち出すことで対抗可能だ。

例えば、教育が挙げられる。ビジネスの論理からすれば、横並びの公立学校という制度自体が競争の阻害因子である。より成果を上げる教員に高い給料を出すとなると、有能な教員を雇える財政基盤のある学校が経営難の学校を買収し、いわば学校のフランチャイズ化が起こるだろう。その一方で、財政基盤の弱い学校は淘汰されていき、通える範囲に学校がないという子どもたちも出てくることが考えられる。でも、現実には、ここまで極端なことは起きてはいない。それは、一定の質を保証された公教育サービスを張り巡らせ、競争による教育格差の拡大に一定の歯止めをかける方が大事だと人々が考えている証拠だ。

つまり、ビジネスの論理からすれば、教育は例外分野なのだ。だとすれば、そのような例外分野として食も認めるというのは筋違いとは言い切れない。子どもの人数の増減にかかわらず、一定の公教育サービスを、いわばコストを度外視して税金で維持することが大事であるのなら、同様にCSAを捉えることも可能だ。地域住民に安全な食糧へのアクセスを保障するCSAのような制度の導入は、基本的な生活の権利を保障するという観点からすれば、公立学校と同じように位置づけられるはずだ。

食から社会を変革しようとする新たな動きは、トータルなコストとその公平な負担という議論と接点を持っているだけでなく、競争的市場万能主義の限界を人々に再認識させる契機を含んでいる。そしてそれは、効率を優先し企業が私的利益を追求することで深刻化した格差社会に代わって、効率よりも安全が保障された暮らし、私企業の利益よりも地域社会が利益を公平に享受する社会という、オルタナティブな社会モデルを提示できる可能性を秘めている。それは、格差社会を生んだ資本主義の貪欲なまでの効率優先・収益優先の価値観に代わって、私益よりも公益に回帰しようとする流れを生み出しつつあるといえる。

こうした私益から公益への転換という発想は、あの金ぴか時代の直後の規制と改革の時代の方向性と同じだ。現代アメリカの格差社会は、あの金ぴか時代の再来であると同時に、そこから脱却して私益から公益へという、かつての流れを再生できるかどうかの瀬戸際にある。歴史は繰り返す、といわれる。だが、その瞬間を近づけるための工夫が必要だろう。

アメリカン・ドリームと食

食から社会を変革しようとしたヒッピーたちの遺産が、効率優先の食生活や格差社会からの脱却を目指す様々な新たな実験へと蘇った現代アメリカ。ポストファーストフード社会に向けたシナリオが動き始めた矢先、「食べる」という行為をテーマ化してきたポップアートの騎手が他界した。ロバート・インディアナ（一九二八〜二〇一八）だ。

数字や文字を道路標識のようにくっきりとカラフルにデザインした彼は、LOVEの文字を組み合わせたパブリックアートで有名だが、アメリカ食文化史の観点から興味深いのは、彼が一九六〇年代から四〇年にもわたって製作し続けた「アメリカン・ドリーム」と題する、絵画やオブジェから成る作品群だ。この中で彼は、四つの短い単語を大文字で繰り返し描いた。HUG（抱く）、ERR（誤る）、EAT（食べる）、DIE（死ぬ）である。

彼の作品には個人的な経験が深く関わっているとされるが、結果的に彼がアメリカン・ドリームにまつわる単語としてこれらを特別視したのはなぜなのか。HUGは人為的集団統合の宿命、ERRは実験国家たるアメリカにとって不可避な運命を表していると解釈できるが、EATやDIEはアメリカの夢とどう関係するのか。

生きていなければ、食べることも死ぬこともできない。恐らく彼は、アメリカン・ドリームなるものをある種の生命体と考えていたのだ。とすれば、どのように食べるかで夢の寿命も変わってくる。夢を追いかけていたいのなら、まずは食べることから考えようという発想は、ポップアートとほぼ時を同じくして登場したヒッピーたちの食文化革命と通底する。

食べるという行為をアメリカの夢を駆動させるための中枢に位置づけよ——彼の遺した道路標識のようなポップアートは、ポストファーストフード社会の道標そのものになりつつあるといえるだろう。

終章　記憶から未来へ

新たなる冒険の始まり

ファーストフード帝国への挑戦が農業や地域社会の刷新へと波及してきている現代アメリカでは、食を基点に格差社会に挑戦しようとするシナリオが現実味を帯び始めている。これがどのような運命をたどるかは予断を許さない。だが、確かなことが二つある。

一つは、アメリカ社会が食をめぐる社会的選択を行うのは、これが最初ではないということだ。すでに独立革命の段階でアメリカがそれを意識的に行ったことは、アメリカの飲み物が体現している。こうした普段見過ごしがちな、食が伝える記憶と真剣に向き合う時、そこに新たな未来が開ける可能性は高まる。もう一つは、食から社会を変革するというシナリオが、現代アメリカが抱える様々な内外の諸問題とも接点を有しているということだ。

ここでは、現代アメリカを取り巻く諸問題を整理した上で、食文化史の問題意識を経由しながらポストファーストフード社会へと接近することが、どのような射程を持っているのか明らかにする。それは、いつしか国境を越え、未来の世界をも変えるかもしれない、新たな冒険の物語へとつながっている。

1　現代アメリカの歴史的位置と課題

人口構成の変化と分裂の危機

ポストファーストフード社会に向けた動きが登場してきた現代アメリカは、歴史的に見るとこれまで経験したことのなかった事態にも直面している。まず、その様子を概観しておこう。

まず、内政面では、アメリカは人口構成の大きな変化に見舞われている。これまで絶対多数であったイギリス系の白人プロテスタント（WASP）の間で出生率が鈍化する一方、一九八〇年代以降急増した、中南米からの移民であるヒスパニックが、黒人（約一二％）を抜いてあっという間にアメリカ最大のマイノリティ（約一五％）となった。現在でもアメリカの三割以上は非WASPだが、このままの状態が続けば、二一世紀半ばにはWASPが人口の過半数を割るのはほぼ確実だ。アメリカは、いわゆるマイノリティの総計が過半数を占める国へと着実に向かっているのである。

安定多数となる民族集団が消えるという事態を、アメリカはかつて経験したことがない。しかも、一九八〇年代のレーガノミクスによる経済政策の大転換とマイノリティ側の多文化主義の台頭によって、一九九〇年代以降のアメリカでは、所得格差が開き、人種や文化をめぐる対立が深刻さを増している。黒人や移民を標的にしたヘイトクライムが横行する状況は、これを象徴している。すでに現在のアメリカ社会においてさえ、分裂の危機が忍び寄っているわけだが、安定多数となる集団が将来いなくなるという事態は、こうした分裂の危機がさらに悪化していく危険性をはらんでいる。

冷戦の終結とアイデンティティの危機

他方、対外関係の面でも、冷戦終結後のアメリカは、かつて経験したことのない事態に直面している。アメリカは、建国以来、自らのアンチテーゼとなるような他者を介してアイデンティティを強化してきた。すなわち、建国から第二次世界大戦まではヨーロッパ、第二次世界大戦から冷戦終結までは共産圏が、アメリカのアイデンティティの構築に欠かせない存在であった。ヨーロッパのような古い貴族社会とは異なる、自由で平等な民主的社会を創るのだという意識や、共産主義とは違い資本主義によってデモクラシーを実現するのだという感覚こそが、アメリカが自己確認をしようとする際の重要なよりどころとなってきた。

そもそも、アイデンティティとは、「他人と違って自分はこういう存在だ」と規定するものであるから、他者がいてこそ安定する。ところが、冷戦の終結によってアメリカは、自らに匹敵する存在感を持った他者を史上初めて失った。ヨーロッパのようにはならないとか、共産圏のようにならないといった、自分のあり方を指し示してくれる他者の喪失は、同時にアメリカ自身のアイデンティティの危機でもある。

アメリカは唯一の超大国として冷戦後の世界秩序を牛耳っているようでいて、アメリカのアイデンティティは、同時に空洞化の危機をはらんでいる。ポスト冷戦後の世界の中で自らをどう再規定するのかという問題に、アメリカは直面しているのだ。実際、存在感のある他者がいないと、自己を見失いやすく、抑止力もないため独善的になりやすい。こうしたリスクは、すでにイラク戦争からトランプ政権へという軌跡にも影を落としている。

過去の直視と自己相対化の必要性

このように、内政的にも対外的にも、二一世紀のアメリカはアイデンティティの再構築を避けて通れない。

絶対多数となる民族集団の喪失は、「典型的なアメリカ人」なる概念そのものを大きく揺さぶる。人口構成が変化した暁には、従来のWASP中心主義的な価値観は通用しなくなる。とすれば、これまで差別されてきたマイノリティの立場を復権することが不可欠であり、彼らが迫害されてきた過去の歴史を真正面から見据えてそれにけじめをつける必要がある。

また、自らに匹敵するような存在感を持ったアンチテーゼを失った中で、自国の正体をあらためて見極めようとするなら、自己相対化の努力をよりいっそう意識的に行う必要がある。自国の論理を絶対化することに走るのではなく、世界的視野の中で自国の立場を見つめ直す発想が、今ほどアメリカに求められている時代はないといえる。

二一世紀のアメリカのゆくえは、自らの過去をどれだけ直視できるかと、国際社会の中でどれだけ自己相対化ができるか、まさにこの二点にかかっているといっても過言ではない。

多文化主義とアメリカ第一主義のねじれ現象

ところが、このように、二一世紀のアメリカが直面している課題が何であり、それにはいかなる処方箋が有効かということは、ある程度見えているにもかかわらず、現実のアメリカ社会は、こうした目標に向かってまっしぐらに進んでいるとはいえない。その証拠に、現代アメリカでは、奇妙なねじれ現象というべきものが起きている。それは、多文化主義とアメリカ第一主義が並存するという状況である。

多文化主義は、様々な立場の人々の存在や権利を尊重するという考え方であり、マイノリティの社会進出の重要な論拠ともなってきた。現代アメリカは、多文化主義を真っ向から否定するような議論はもはや説得力を持たないところまできており、国内の多様性を尊重するという認識は社会的合意としてほぼ不動のものとなりつつある。

ところが、対外関係においては、一連のテロとの戦いをはじめ、環境や気候変動、核拡散をめぐる国際的合意から一方的に離脱し、相手かまわず関税を武器に経済戦争を仕掛けるトランプ政権にも顕著に見られるように、アメリカは、自国とは異なる国際社会の世論に十分耳を貸そうとはしない。国内の多様性を許容するアメリカは、一方では国際関係においては自国の立場を絶対化し、国境の外にも自国の論理を押しつけようとしている。

内と外とで矛盾した態度を取り続けるアメリカ。それは、多様性に対するダブルスタンダードのなせる業なのである。

自己中心主義と反知性主義

では、なぜ今もって、こうしたねじれた社会の漂流には終止符が打たれないのか。その背景には、二つの要因が深く関係しているように思える。

一つは、アメリカ社会が自己中心主義に傾きつつあるという点である。一九世紀の金ぴか時代、アメリカの資本主義は一度破綻した。自由放任主義の暴走を制御できず、一握りの巨大企業が市場を独占し、富の偏在によって極端な格差社会が出現してしまった。この教訓以来、アメリカは、個人や私企業の利益と公共の利益とをどう調和させるかという問題と格闘してきた。そしてそれは、一九三〇年代のニューディールに代表されるように、公共事業や福祉などの公共部門に連邦政府が積極的に資金投入することによって、富の偏在をコントロールする発想をアメリカに根づかせてきた。

ところが、ベトナム戦争で傾いた経済を立て直そうと、一九八〇年代のレーガン政権は、思い切った減税と規制緩和を実施した。その結果、恩恵を受けたIT関連企業が業績を伸ばした一方で、減税による福祉のカットによって、経済格差が一気に拡大した。

小さな政府を目指したレーガノミクスは、公共部門から連邦政府が次第に撤退していく流れを作った。いざという時に公共部門がもはや頼りにならないとすれば、人々は自衛するしかなくなる。とすれば、人々はよりいっそう自らの利益に固執しやすくなってしまう。

ここで興味深いのは、アメリカで多文化主義が台頭してきたのが一九八〇年代以降であり、格差の拡大に伴う自己中心主義の蔓延と時期的に一致している点だ。多文化主義は、様々な立場の人々に配慮するという考え方であるから、本来それには国境などない。だから「アメリカの多文化主義」という言い方自体がおかしいのだが、実はアメリカでは多文化主義は、マイノリティが国内での発言権を強化するために政治的に用いられてきたところがある。それゆえ、アメリカにおける多文化主義は、国内の多様性の承認とマイノリティの権利拡大を求める姿勢は旺盛なのだが、国境の外の世界に広がっている多様性には必ずしも積極的に目を向けてこなかった。その点、アメリカにおける多文化主義は、国境の外の多様性を後景へと追いやりながら、個々のマイノリティ集団が自分たちの立場を国内で向上させるという、いわば自己中心的な目的にすり替えられてしまった感が否めない。

このように考えてみると、露骨な国益追求であるアメリカ第一主義とアメリカ型多文化主義が並存する状況は、表面的には矛盾しているようでいて、実は両者の根底には自己中心的な利益追求の精神が共有されている形跡が認められる。アメリカにおいて公共部門の弱体化が進み、人々が自衛のために自己の利益にしがみつかざるをえないという社会状況に照らしてみれば、むしろ、これらの現象の間には、矛盾どころかかなり整合性があるとさえいえる。公共部門が切り崩されていく中で、国の内外を問わず、自己中心主義に傾く現代アメリカの姿がそこには凝縮されているのだ。

ねじれた社会の漂流に歯止めがかからないもう一つの要因は、アメリカ社会で知識人と大衆との間の断絶が激しく、知識人の冷静なものの見方が社会になかなか還元されにくいような構造を持っていることだ。こうした反知性主義の風土は、高度な教養よりも実学的な知識や技術が尊重された西部開拓の時代にはすでに登場していた。

知識や教養よりも、大衆性や実用性を尊ぶアメリカの風土においては、知識人の声が大衆に届きにくい。そうした構造は、マスコミや宗教によって大衆が扇動されやすい状況を生み出してきており、それらの力によってしばしば知識人の声や姿は歪曲され、傾聴に値する意見があってもそれが社会に浸透しにくい事態となっている。同時多発テロ事件直後のノーム・チョムスキーの扱いなどはその典型だ。マスコミや宗教の影響力がアメリカでは他の先進国以上に強い傾向が見られるが、裏を返せば、反知性主義の風土がそれだけ強いということでもある。

自己中心主義が蔓延し、冷静な議論が成熟しにくい風土が放置されれば、ねじれた社会は永遠に漂流し続けるだろう。個人も社会も自分や自国の殻に閉じこもり、外の世界を敵視するような風土は、アイデンティティの再構築という課題を先送りするだけだ。

打開の糸口としての食

こうした一連の状況を一気に打開する特効薬は、ないのだろうか。もちろん、これだけの難題を一気に克服するのは至難の業だ。だが、食というテーマは、こうした課題と多くの接点を持っており、問題意識の啓発の糸口として活用してみる価値がある。

日々の食事に対しては、学歴や年齢と関係なく、多くの人々がごく自然に何らかの関心を持っている。本書で紹介してきたような、アメリカ食文化研究から得られる知見に対しては、反知性主義的な抵抗感はあまりないだろう。しかも、食べ物に刻まれた記憶を掘り起こすことは、忘れられたアメリカの過去をあらためて直視することにつながる。さらに、様々な食文化からの恩恵を組み合わせたフュージョン料理は、アンチテーゼを介することなく、世界的視野で自己相対化する機会を提供してくれる。それは、自分が世界の中心だと思い込むような世界観、ひいては社会に充満した自己中心主義の限界について人々に考えさせるきっかけになるかもしれない。食という領域は、実は現代アメリカが直面する諸問題の核心部分にメスをいれる糸口としての豊かな可能性を持っているのだ。

ポストファーストフード社会を手繰り寄せようとする動きは、すでに始まっている。食文化史の研究成果をより多くの人々に浸透させることができれば、食を基点に格差社会を解体しようとする変革の機運がいっそう高まるだけでなく、現代アメリカを取り巻く一連の諸問題にも劇的な変化が訪れる可能性はある。それは、どんな射程を持っているのだろうか。

2 食に対する意識改革の射程

異種混交性とアメリカのポテンシャル

現代アメリカは、内政的にも対外的にも、アイデンティティの再構築という課題を避けて通れない。食から取り出せる記憶は、この点に関して重要な示唆を含んでいる。

アメリカ食文化史は、この国の食の原点がクレオール的な混血創作料理であったことを教えてくれる。つまり、食という観点に立つならば、アメリカ文化の著作権をどれか特定の民族集団に帰することと自体、的外れといえる。食の歴史は、白人がこの国を作ったのだという感覚自体が非アメリカ的でさえあることを明確に示すとともに、ハイブリッド性（雑種性）こそがむしろこの国を豊かにしたのであり、自分たちの財産なのだという、発想の転換を可能にする。

人口構成が変化する唯一の超大国がアイデンティティの空洞化を乗り越えるためには、特定の民族集団の地位を肥大化することなく、何らかのアンチテーゼにも頼らずに、自分たち自身の正体を探求する努力が必要だ。異種混交性という、多くの人が忘れてしまったこの国の原点へ回帰する感覚こそ、分裂の危機やアイデンティティの空洞化が忍び寄る時代の新たな礎に相応しいことに食文化史は気づかせてくれる。

と同時に、食が体現する記憶は、この国の原点に刻まれていたポテンシャルを再認識する助けにもなる。アメリカ食文化史の基層には、ローカルなものとインターナショナルなものの融合を許容する一方、自分たちの政治的選択としてのナショナルなものもそこに並立しうることが刻まれている。アメリカというプロジェクトは、これら三つのものが共存しうるという発想とともに出発した。その精神を体現する、食というモデルを自分たちがすでに持っていることに気づく時、混沌とした現代アメリカは、重要な道標を手にすることになろう。それは、この国が持っている本当のポテンシャルを開花させる道を切り開くはずだ。

多文化主義と国際協調主義の結節点の強化

異種混交的なアメリカの食の成り立ちを再認識することは、他の集団からの恩恵をこの国が受けてきたこともあらためて浮き彫りにする。食べ物に刻まれた、忘れられた記憶を回収することは、アメリカと国境の外の世界との意外なつながりを明らかにしてくれる。それは、唯一の超大国が苦手としている自己相対化のための契機を提供し、アメリカ型多文化主義とアメリカ第一主義の併存するねじれ現象に一石を投じられる可能性を秘めている。

食べ物は、消化されて自分の体の一部になる。つまり実際には、過去の社会的選択の記憶や外界との交流の記憶は、いまだにアメリカの人々の身体を作り続けているのだ。自分たちの身体がいわばクロスカルチュラルな交渉の帰結であると再認識できれば、それは人々の価値観に大きな影響を与える可能性がある。「自らの身体が体現する異文化の恩恵」と「自分たちの頭の中にはびこるアメリカ第一主義」との矛盾に対する感受性を高めるには、難解で抽象的な議論よりも、食べ物こそ格好の糸口なのだ。自分たちの体と頭の中とが違う方向を向いているということが実感できれば、現代アメリカが直面する問題をより深刻に受け止められる感性がそこから芽生えていくはずだ。

食べ物に刻まれた記憶を繙く時、アメリカの過去がいかに国際的なネットワークの中で形作られてきたかが明らかになる。それは、自己中心的なアメリカ第一主義がいかに自らの身体に逆行する不合理な立場であるのかをあらためて暴露するとともに、国境の外の世界に背を向けてきた感のあるアメリカ型多文化主義をグローバルな本来の多文化主義へとバージョンアップする契機ともなろう。ねじれた社会的潮流に終止符を打ち、多文化主義と国際協調主義とが手を携えていけるような正常な関係を取り戻すために、食文化史が貢献できる余地は大きい。

格差社会の解消と公的世界の再構築

加えて、食べ物というテーマは、公共性の問題や自己中心主義の壁を突破する上でも可能性を秘めている。何を食べるかということは、ある次元では極めてプライベートな行為であるが、食べ物を作り提供し片付けるという、食べ物について回る様々なプロセスは、個人の力ですべてを行うことはできず、公的領域を経由しなければならない。食べ物をめぐる議論は、「公的領域はどうあるべきか」という議論へと通じている。食べ物に対する関心が高まれば、公的世界の再構築という流れを活性化できる可能性も高まる。

もっとも、食というテーマが多くの人々にとって身近だとはいえ、格差社会の人々が自己中心主義に走りたくなるような状況に歯止めをかけ、人々を公共の利益に立ち返らせるには工夫が必要だ。そうしたシフトを誘導する方法の一つは、子どもという観点を打ち出すことであろう。

子どもに良い思いをさせたいという希望は、親ならば誰しもが持つものであり、そうした親心は、ある意味では利己主義の延長上にある。しかし、その子どもが日々直面する問題の解決には社会全体の協力が不可欠だと認識できた時、利己主義から公益へという発想の転換が可能になる。食はそうしたきっかけの有力候補だ。

現在、アメリカでは、子どもの肥満が著しい増加傾向にあり、児童の半数が肥満児といわれている。教育予算の削減や学校経営の効率化のために、最近では、学校給食にもファーストフードが参入している。かつて「フードスタンプ」と呼ばれ、現在ではＳＮＡＰ（補完的栄養援助プログラム）という名称で運用されている、連邦政府からの食費援助を受けている人は、アメリカでは人口の一割をはるかに超え、四〇〇〇万人以上いる。そうした低所得の家庭では、

食育用の菜園　最近のアメリカでは、エディブル・ガーデン（食べられる庭）と名付けられた食育用の菜園が、公園などに設置されている。課外学習で子どもたちが訪れている光景を目にすることも珍しくない。写真は、シカゴのリンカン・パーク内のもの

ファーストフード的なジャンクフードしか買えず、子どもが学校でもファーストフードになってしまうと、一日中ファーストフード漬けだ。アメリカの子どもの半分が肥満であるという事態は、貧困層以外のかつての中産階級をも巻き込んだ問題として捉える必要があり、もはや一部の子どもの問題として片付けることはできない。どのような食べ物を取るべきかや、自分の食べているものはどのようにできているのかといった、食に関する教育を早急にアメリカは拡充しないと、次世代の健康不安という大きなリスクを抱えることになる。

そして、動機が健康管理ということであったとしても、食育が広まっていけば、なぜアメリカの食がこうなってしまったのか、昔からアメリカ人はどんなものを食べてきたのかといった問題へと関心は広がっていくだろう。そこでアメリカの人々は、本書でたどってきたような、食にまつわる忘れられた記憶の数々に遭遇するに違いない。自分たちにはかつて豊かな食文化があり、それを彷彿させる動きが昨今では蘇ってきている点や、食習慣は人々の合意と努力次

第で変えられるのだという教訓を今一度忘れられた記憶の中から取り戻せれば、ファーストフードに依存するアメリカ格差社会の異常さと本気で取り組もうという機運が社会に広がる可能性は十分ある。

子どもの健康という問題を経由してファーストフードの弊害に人々がより意識的になり、なぜこうなってしまったのかとアメリカの食の歴史を顧みる時、食品産業の利益よりも食の公共性を重視する発想へのシフトが優勢になっていくだろう。それは、ファーストフードと分かちがたく結びついた格差社会が置き去りにしてきた公的領域に今一度人々の目を向けさせる契機となるに違いない。そして、その時、農業や地域社会の再構築など、公的世界の再編へと波及しつつある、ファーストフード帝国への挑戦の動きの持つ意味が、より広く国民に理解されるはずだ。

記憶と変革を媒介する食文化史研究

このように、食からアメリカを変えるというシナリオは、荒唐無稽なようでいて、意外な可能性を持っている。食は、文化、健康、環境、農業など、様々な分野とのいわば接点にある。そこに何らかの変革を持ち込むことができれば、アイデンティティの再構築や自己相対化といった文化的次元から、公的領域の再構築による格差社会の是正や自己中心主義からの脱却のような社会的次元、健康増進や環境改善といった科学的次元に至るまで、社会が直面する課題にドミノ倒し的なインパクトを与えられる可能性がある。

社会を変革しようとするなら、特定の分野にメスを入れるだけでは限界もある。むしろ、様々な接点にあって、そこでの変化が各領域に伝染していくような位置にある争点をターゲットにするという発想が有効ではないだろうか。食というテーマは、それに相応しい。

食文化史研究の成果は、こうしたシナリオの土台を提供してくれる。これこそ、食文化史研究の最大の魅力かもしれない。そこで、アメリカ食文化史研究に流れている問題意識が、アメリカ研究の最近の潮流の中でどのような意味を持っているのか、少しだけ触れておこう。

昨今のアメリカ研究の中で強く意識され始めていることは、二つある。一つは、従来のアメリカ社会の歴史観を見直そうとする発想、もう一つはより大きな地域的枠組みの中でアメリカを研究しようとする傾向である。これらは、アイデンティティの再構築や自己相対化に向けた発想と密接につながっている。アメリカ研究者たちは、アメリカが直面する課題をしっかりと見据えつつ、それに資するような学問的枠組みを模索してきた。

白人入植者の立場から語られてきたアメリカの歴史を、それ以外の人々の視点から語り直すべきだという動きは、アメリカ研究全体に浸透しつつある。しかし、非白人の中には、自ら積極的に文献記録を残せなかったような人々が少なくない。そもそも先住インディアンも、アフリカから連れてこられた黒人奴隷たちも、ともに無文字社会の人々であり、口伝えで自分たちの伝統を伝えていくのを基本としていた。しかも、黒人奴隷の場合は、政治意識に目覚めさせないよう、読み書きを覚える機会が著しく制限されていた。とすれば、そうした人々が何を考え、アメリカの現実をどう捉えてきたのかを掘り起こそうとするなら、彼らの間に伝えられてきた記憶を収集したり、彼らが残した「モノ」からその精神性を解読するといった方法を活用せざるをえない。それゆえ、近年のアメリカ研究では、こうした記憶やモノといった、文献資料に比べて歴史を語るには資料的価値や信憑性が低いかのようにこれまで扱われてきたような材料を積極的に取り入れて、白人側からの文献資料では描けなかったアメリカの過去を復元しようとする試みが積極的に行われてきている。

その点、食べ物は、文献資料には登場しにくい過去の記憶を刻んだ「モノ」といえる。食文化史研究は、記憶とモノによってアメリカ史を語り直そうとする近年のアメリカ研究の潮流と見事に符合する路線なのだ。

昨今のアメリカ研究がもう一つ意識し始めているのは、アメリカの中で起こった現象の持つ意味を、より広い地域的概念の中で位置づけ直そうとする発想だ。実際、一九九〇年代以降、南北アメリカ研究とか、大西洋世界研究、あるいは太平洋世界研究といった枠組みへとアメリカ研究を開いていくことで、国境を越えた人の移動や文化的影響関係に着目した、地域横断的アメリカ研究が行われるようになってきている。

記憶とモノを活用して、従来のアメリカの歴史を検証しようとする発想は、過去の直視であると同時に、歴史観の相対化という面を持つ。それに対し地域横断的なアメリカ研究は、アメリカの文脈をより広い地域的枠組みの中で相対化する効果がある。例えば、黒人奴隷が大航海時代に北アメリカや西インド諸島、ブラジル、ヨーロッパなどに運ばれ、その子孫が大西洋をとりまく地域に拡散していると考えれば、アメリカの黒人問題は、大西洋世界に離散したアフリカの人々の歴史の一部として捉え直すことができる。黒人大西洋世界という枠組みからアメリカ黒人史を語り直せる可能性がそこにはある。

より広い地域概念の中にアメリカという存在を位置づけ直すことは、アメリカの歴史を国境の中の閉じた歴史として捉えるのではなく、国境の外の世界とつながった、国境横断的視野から見つめ直すものである。それゆえ、こうしたタイプの研究を提唱する一部の学者たちは、従来の国別研究としてのアメリカ研究と区別して、この種の新たな研究スタイルを「ポストナショナリスト・アメリカン・スタディーズ」と呼ぶ。こうした姿勢は、一国主義的なナショナリストの立場ではなく、国際関係の中で自国の存在を見つめ直そうとする点で、冷戦終結後のアメリカに求められている、国際的視野での自己相対化に通ずる。

アメリカ食文化史は、外の世界がアメリカの食文化に多大な恩恵を与えてきたという視点抜きに語ることはできない。アメリカ食文化史自体が、広域的な相互影響関係の所産だからだ。この点でも、食文化史は、近年のアメリカ研究の問題意識と密接につながっている。

食というテーマは、外国研究の中ではマイナーに感じられるかもしれない。だが、アメリカ食文化史の研究は、アメリカ研究全般に見られる新たな問題意識を見事に反映している。記憶媒体としてのモノたる食べ物を、アメリカが直面する課題を見据えたアメリカ研究全体の問題意識の下に招き入れ、変革のシナリオの基盤を提供してきたアメリカ食文化史研究は、記憶と変革を媒介する重要な役割を担っているのである。

変革は国境を超えて

このように、食から社会を変革するというシナリオは、荒唐無稽どころか、二一世紀のアメリカが真剣に取り組む価値があるといえる。山積する内外の課題に大きなインパクトを与えうるこのシナリオは、食べ物に刻まれた忘れられた記憶を掘り起こしてきたアメリカ食文化史研究によってその土台を強化されてきた。食というテーマが比較的反知性主義の抵抗感が少ないと予想されることも考えれば、このシナリオの実現可能性にアメリカはかけてみるべきではないだろうか。それは、トランプ政権のアメリカ第一主義や分断を煽るような方向性を跳ね返して余りある射程を持っている。

と同時に、この種のシナリオは、アメリカという文脈以外でも可能性を秘めているように思える。格差社会の傾向や上昇する医療費の社会負担、排外主義や環境破壊などは、先進国に限らず、至るところに見られる。アメリカで山積している課題は、程度の差こそあれ、対岸の火事では済まされない問題だ。

アメリカ発のファーストフードは世界を席巻した。それは、このビジネスモデルが国境を超えた利点を持っていたからだ。とすれば、アメリカと類似の課題を抱える世界の国々へと、アメリカにおける変革の動きがコピーされていく可能性は否定できまい。

いやむしろ、アメリカを先取りするような発想が他の国にあってもよいのではないだろうか。実際、アメリカのCSAの重要なヒントの一つは日本の生活クラブだといわれる。食文化史研究から得られる知見を社会が真剣に受け止め、食の変革の持つ射程を再認識できるなら、その社会的合意を実行に移す力は、日本にもあるはずだ。

二〇世紀の世界は、情報革命を経験した。食から社会を変革するというシナリオが国境を超えて広がるなら、二一世紀の世界には農業革命が起こるだろう。新たな冒険へと向かう意志があるのかという問いは、アメリカ以外の国々の人々にも突きつけられている。食べ物が伝える記憶と真剣に向き合うことは、人々の意識を変える第一歩なのだ。

あとがき

本書は、慶應義塾大学日吉キャンパスに設置された「地域文化論」の筆者の講義「食から考えるアメリカ」のノートに大幅に加筆したものである。「地域文化論」は、特定の国や地域の社会、文化、歴史に関する総合的な外国研究講座で、その中のアメリカのコースの入門的授業や各論的内容の授業を担当し始めてから四半世紀がすぎた。様々な内容の講義をしてきたが、食をテーマにし始めたのは比較的最近だ。

自分の授業で最初にアメリカの食の問題を取り上げたのは、二〇〇五年にゼミの学生諸君とジェイムズ・E・マックウィリアムズの *A Revolution in Eating* とダナ・R・ガバッチアの『アメリカ食文化』を読んだ時だ。すでにこれらをお読みの方なら、本書がこれら二冊から影響を受けているのはわかるだろう。だが、筆者がこのテーマで講義を始めて以降、近年では食文化関連の本が多数出版されるようになった。本書は、それらも参考にしながら、アメリカ研究者としての筆者の基本的なスタンスに引きつけて、アメリカ食文化史を扱っている。

この三〇年近く、筆者の関心の中心は、非WASP多数派時代に向かいつつあるアメリカが、人口構成の変化を見据えた新たな価値観をどのように創出できるのかにあり、そのための観察手段として、公共空間における過去の見せ方・語り方の変化に着目してきた。例えば、映画における過去の描き方、あるいは博物館展示や史跡保存における過去の取り上げ方などに見られる新たな傾向が、どのような未来志向を反映しているのか分析するといった具合である。こうしたテーマを扱う分野は、「パブリック・メモリー」ないし「メモリー・スタディーズ」と呼ばれるが、実際にアメリカの博物館や史跡の動向を調査する中で、食べ物に関する展示が少なくないことに興味を持った。現に本書に掲載した何枚かの写真からもわかる通り、アメリカには食べ物にまつわる博物館が少なくない。また、昔の料理を資料に基づいて再現する試みに挑戦しているイベントやレストランもあることを知った。本書が、単なる食べ物の歴史というよりは、記憶媒体として食べ物を捉え、それが社会の変革にどう寄与しうるのかという観点を強く意識しているのは、記憶の再構築の作業からアメリカ社会の変革の可能性を読み取るという、筆者自身の研究スタンスに由来する。

だが、食というテーマと本気で取り組むことができたのは、自分が食事を作るという立場を経験したことも大きい。結婚するまで筆者は、米すら研いだことがなかった。だが共稼ぎで、先に帰った方が夕食を作るというルールの下、炊事にいそしむことになった。そこでわかったのは、食へのこだわりは、明らかに妻よりも筆者の方が強いということだった。いつしか我が家の献立の作成、買い出しから炊事に至るまで、基本的に筆者が担当するようになった。海外出張の前は、作り置きもしていくので、けっこう忙しい。

実は筆者の父は板前になりたかったくらい料理好きで、夫婦が台所に立つ姿を普通に見てきた。筆者自身、本格的に料理をしてみると、面倒くさい時もあるが、けっこう楽しい。まるで化学の実験のようで、どういう工夫をしたらどうなるのか、研究心をくすぐられる。

正月に祖母が作っていた「おにあい」という料理がある。きんぴらごぼうに、ハス、シイタケ、かんぴょう、しらたきを加えたようなものだ。祖母は栃木県鹿沼市の出身で、栃木らしく、かんぴょうを使う。これを食べるのが正月の楽しみだった。祖母が亡くなる直前、このレシピを聞き出したのだが、祖母の説明は大雑把で、調味料の分量も経験が頼りのようだった。祖母が亡くなってから二〇年以上になるが、今でも毎年正月には祖母の味の再現に挑戦している。毎年少しずつ工夫を重ねて実験しているが、一〇〇%復元できたとはまだ思えない。

自分は決して料理が上手だとは思わないが、自分でもこの程度できるのであれば、世の中の男性の大半は炊事ができると思う。というか、作る立場を経験することで得られるものは大きい。おにあいを作ることで、毎年筆者は亡き祖母と会話しているような感覚に襲われる。外で食事をしていても、どうしてこんなにやわらかく肉を焼けるのだろうとか、こんなきれいな形の魚の切り身をどこで見つけたのだろう、この出汁は何で取ったのだろうなどと、料理人の技術の高さや創意工夫に想像力をめぐらせて幸せな気分になる。これも、料理の経験あってこそ感慨深い。誰かのために料理を作る行為からは、人と人とのつながりを実感できる。

このように、食というテーマは、筆者自身の研究者としての問題意識と個人的な経験の両方が交差する地点に浮上してきたテーマであった。と同時に、アメリカの食を扱うことは、筆者自身の遠い記憶をも蘇らせるものだった。筆者は、父の留学の関係で小学校一年生をアメリカですごした。一九七一年のことである。当時は一ドル三六〇円の時代。まだ日本は今のように豊かではなく、アメリカの豊かさ、とりわけ食べ物に圧倒された。アメリカに着いた翌朝、朝食に出てきたオレンジジュースと牛乳は、明らかに日本で飲んでいたものより味が濃く、美味しかった。そして、かりかりに揚げてあるベーコンに仰天した。夕方になると、住んでいた家の近所には、アイスクリームの移動販売車がやってきた。チリンチリンと鐘の音が聞こえると、小銭を持って飛び出していったものだ。

アメリカ研究者となったこともあって、これまでに筆者は、アメリカのすべての州で食事をし、アメリカの様々な食べ物を口にしてきた。サウスカロライナ州チャールストン、ルイジアナ州ニューオーリンズ、ニューメキシコ州サンタフェなどでは、観光客向けだが料理学校に行ったこともあるし、各地で食べ歩きのツアーにも参加してきた。食は、自分とアメリカの出会いの原点であり、今でも重要な接点だ。今回、アメリカ食文化史をたどってみて、その混血的で自由な創造力の伝統にあらためて気づかされた思いがする。

だが、食というテーマを掘り下げてみると、その恩恵がすべての人に届いているわけではないことも実感させられる。と同時に、その状況を打開しようとするエネルギーの大きさもあらためて感じる。今回の執筆の過程で特に印象に残った人物は、シカゴの代表的黒人居住地域、サウスサイド地区で活動するスウィート・ウォーター協会のエマヌエル・プラットだ。

彼のことを知ったのは、シカゴ大学のスマート美術館で、彼が提唱する憲法修正第二八条の草案のパネルを見た時だ。アメリカの憲法改正は、修正条項を追加する形式で行われる。「共和国に民主主義と真理を取り戻すためのマニフェスト」と題した提案は多岐にわたるものだが、合衆国憲法の前文や独立宣言の一節を下敷きにしながら、グローバル化した貪欲な資本主義への批判と強烈な同胞愛やエコロジーへの意識に裏打ちされたもので、効率から公益へという、筆者が注目している現代アメリカにおける食の変革の動きの核心を突いているように思った。そして、彼の活動拠点が、シカゴ大学から程近いサウスサイド地区にあり、金曜日には定期市も開催していると知り、ぶらりと訪ねてみた。

最寄りの地下鉄の駅から農場までの道のりは、この地域が繁栄から取り残されていることを感じさせるものだった。定期市にはどうやら近在の人が数人しか来ておらず、部外者がやってきたとすぐにわかってしまった。黒人の男性が「何の用だ？」と声をかけてきた。スマート美術館の展示を見て、ここに興味を持ったんだと答えると、彼は、そうか、と言って、「じゃあ、スタッフに案内させるから、よく見ていってくれ」と、アポなしにもかかわらず、歓迎してくれた。その彼こそ、エマヌエルだった。

その後筆者は、彼も含めてスタッフ数人から、施設のほぼすべてを紹介、説明してもらった。

特に印象深いのは、皆が彼を心から尊敬し、エマヌエル自身がカリスマ的な指導力を持っていることだ。この地区の貧困や失業、犯罪の実態は決して楽観できないが、地域住民自らが農業に取り組み、生活を安定させ、地域の再生を目指そうという意気込みが強く感じられた。

帰り際、私が一キロ程離れた駅の方へ歩き出すと、スタッフの一人が慌てて追いかけてきた。シカゴ大学のあるハイドパークの方へ戻るのなら、用事があるから車に乗せて行ってやると言ってくれた。恐らくこれは、この地区の治安が決して良くないので、得体のしれない東洋人の一人歩きは危ない、と気遣ってくれたのだと思う。有難みが身に染みたが、こういう場所の空気を吸うことも自分の研究の一環だと思い、道順はわかっているからと言って、丁重にお断りした。分断を煽るトランプ政権の誕生にもかかわらず、草の根レベルでの変革に対する人々の信念や他者への寛大さは決して揺らいでいないと実感できたことは収穫だったし、食がそれらを引き出す大きな役割を果たしているという思いを新たにした気がする。

また、次のようなこともあった。メキシコとの国境の壁の建設をめぐるトランプ大統領と民主党が多数派を握った連邦議会下院との対立で予算案が宙に浮き、政府機関が一ヵ月以上にわたって閉鎖に追い込まれた時期のことだ。連邦政府の職員には給与が支給されず、空港の入国審査の係官にもその影響は及んでいたらしかった。実際、成田発の飛行機がテキサス州ダラスの空港のゲートに到着すると、空港当局の指示で、しばらく乗客は全員機内での待機を命じられた。このようなことは初めてだった。何かあったのだろうかと不安に思いながら、入国審査を受けた。

「どこへ行くんだ？」

「ジョージア州のアトランタです」

「目的は？」

「私、今、アメリカ食文化史の本を書いてまして、アトランタ歴史センターで開催中のバーベキューの歴史に関する展示を見たいんです」

「食文化史？ あんた、そりゃ面白いことやってるね。バーベキューは、確かカリブ海地域に起源があるんだ」

「うわー、よくご存じですね。タイノ族のバルバコアが起源だといわれてます」

「あんた、バーベキューのことを書くつもりなのかい。だったら、セントルイスにも行くべきだ。行ったことあるのかい？」

「はい、美味しかったですよ。同じミズーリ州のカンザスシティのリブもなかなかいけますよね」

「確かにそうだな。でも、ここテキサスにもうまいバーベキューの店がたくさんあるんだ」

「もちろん、知ってます」

「テキサスでもちゃんと食べていくんだぞ。はい、次の人」

外国人の入国に神経をとがらせるトランプ大統領が知ったら激怒しかねない、とんだ入国審査（?）である。多分これまでアメリカに一〇〇回近く入国していると思うが、係官とこれほど盛り上がったのは初めてだった。明らかに彼は食文化に対する興味を持っているようだった。移民への不信感を煽るトランプ政権の下、入国審査場にはある種の緊張感が漂っているように思えるが、食べ物の話題はこれほどまでコミュニケーションを円滑にしてくれるのかと実感した（ちなみに、アメリカでバーベキューの聖地とされているのは、それぞれ独特のスタイルを持つ、ノースカロライナ州、ミズーリ州のセントルイスとカンザスシティ、テネシー州のメンフィス、テキサス州の五つだ）。

もっと食べ物を大切にしようではないか。食べ物は、忘れ去られた記憶を今に伝え、私たちの体を作り、見知らぬ人々をつなぐ。食べ物を大切にすることは、恐らく人にやさしくすることなのだ。それは、世の中を変える力になる。

編集者の吉田亮子さんには、一年前の前作『スポーツ国家アメリカ』に続いてお世話になった。末筆ながら深く御礼申し上げる。今までいろいろな料理を味わえたことに感謝しつつ。

二〇一九年三月

鈴木　透

参考文献（配列はおおむね本文の叙述順）

第一章

ジャック・M・ウェザーフォード／小池佑二訳『アメリカ先住民の貢献』パピルス、一九九六年

マイケル・オーウェン・ジョーンズ／元村まゆ訳『トウモロコシの歴史』原書房、二〇一八年

高野潤『新大陸が生んだ食物——トウモロコシ・ジャガイモ・トウガラシ』中公新書、二〇一五年

James E. McWilliams, *A Revolution in Eating: How the Quest for Food Shaped America* (New York: Columbia University Press, 2005)

東理夫『アメリカは食べる。——アメリカ食文化の謎をめぐる旅』作品社、二〇一五年

岡部史『古きよきアメリカン・スイーツ』平凡社新書、二〇〇四年

Andrew F. Smith, *The Turkey: An American Story* (Urbana: University of Illinois Press, 2006)

—, *Popped Culture: A Social History of Popcorn in America* (Columbia: University of South Carolina Press, 1999)

ジョナサン・ドイッチュ、ミーガン・J・イライアス／伊藤はるみ訳『バーベキューの歴史』原書房、二〇一八年

Anne L. Bower, ed., *African American Foodways: Explorations of History and Culture* (Urbana: University of Illinois Press, 2007)

Jessica B. Harris, *High on the Hog: A Culinary Journey from Africa to America* (New York: Bloomsbury, 2011)
ジャネット・クラークソン／富永佐知子訳『スープの歴史』原書房、二〇一四年
Todd and April Fell, *A Celebration of 250 Years of Creole Cooking: The History, the Traditions, the Recipes* (New Orleans: Gris Gris, 2015)
Robb Walsh, *The Tex-Mex Cookbook: A History in Recipes and Photos* (Berkeley: Ten Speed Press, 2004)
Mark Edward Lender and James Kirby Martin, *Drinking in America: A History* (New York: Free Press, 1987)
Adrian Covert, *Taverns of the American Revolution: The Battles, Booze, and Barrooms of the American Revolution* (San Rafael: Insight Editions, 2016)
Dave DeWitt, *The Founding Foodies: How Washington, Jefferson, and Franklin Revolutionized American Cuisine* (Naperville: Sourcebooks, 2010)
Rae Katherine Eighmey, *Stirring the Pot with Benjamin Franklin: A Founding Father's Culinary Adventures* (Washington, D.C.: Smithsonian Books, 2018)
Dennis J. Pogue and Esther C. White, *George Washington's Gristmill at Mount Vernon* (Mount Vernon: Mount Vernon Ladies' Association, 2005)
エリザベス・アボット／樋口幸子訳『砂糖の歴史』河出書房新社、二〇一一年
ドナルド・A・グリンデ・Jr.、ブルース・E・ジョハンセン／星川淳訳『アメリカ建国とイロコイ民主制』みすず書房、二〇〇六年
リード・ミーテンビュラー／白井慎一監訳『バーボンの歴史』原書房、二〇一六年

ギャビン・D・スミス／大間知知子訳『ビールの歴史』原書房、二〇一四年
小澤卓也『コーヒーのグローバル・ヒストリー――赤いダイヤか、黒い悪魔か』ミネルヴァ書房、二〇一〇年

第二章

ダナ・R・ガバッチア／伊藤茂訳『アメリカ食文化――味覚の境界線を越えて』青土社、二〇〇三年
ジョシュ・オザースキー／市川恵里訳『ハンバーガーの世紀』河出書房新社、二〇一〇年
Andrew F. Smith, *Eating History: 30 Turning Points in the Making of American Cuisine* (New York: Columbia University Press, 2009)
—, *Hamburger: A Global History* (London: Reaktion Books, 2008)
—, *Pure Ketchup: A History of America's National Condiment with Recipes* (Columbia: University of South Carolina Press, 1996)
— ed., *The Oxford Companion to American Food and Drink* (New York: Oxford University Press, 2007)
メアリアン・テブン／伊藤はるみ訳『ソースの歴史』原書房、二〇一六年
ブルース・クレイグ／田口未和訳『ホットドッグの歴史』原書房、二〇一七年
ビー・ウィルソン／月谷真紀訳『サンドイッチの歴史』原書房、二〇一五年
鈴木透「フィットネス・シンドローム――身体の最適化への欲望と産業社会への移行期のアメリカにおける食、スポーツ、宗教」慶應義塾大学法学部編『慶應の教養学』（慶應義塾大学出版会、二〇〇八年）、p. 337-352
イアン・ミラー／甲斐理恵子訳『水の歴史』原書房、二〇一六年

マーク・ペンダグラスト／古賀林幸訳『コカ・コーラ帝国の興亡――一〇〇年の商魂と生き残り戦略』徳間書店、一九九三年
マリオン・ネスル／三宅真季子、鈴木眞理子訳『フード・ポリティクス――肥満社会と食品産業』新曜社、二〇〇五年
Lorine Swainston Goodwin, *The Pure Food, Drink, and Drug Crusaders, 1879-1914* (Jefferson: McFarland, 1999)
R・W・フォックス、T・J・J・リアーズ編／小池和子訳『消費の文化』勁草書房、一九八五年
Sherrie A. Inness, *Dinner Roles: American Women and Culinary Culture* (Iowa City: University of Iowa Press, 2001)
Harvey Levenstein, *Revolution at the Table: The Transformation of the American Diet* (Berkeley: University of California Press, 2003)
原克『アップルパイ神話の時代――アメリカ　モダンな主婦の誕生』岩波書店、二〇〇九年
Anna Zeide, *Canned: The Rise and Fall of Consumer Confidence in the American Food Industry* (Oakland: University of California Press, 2018)
Michael Karl Witzel, *The American Diner* (St. Paul: MBI Publishing, 2006)
Carolyn Wyman, *Spam: A Biography* (San Diego: Harcourt Brace, 1999)
アナスタシア・マークス・デ・サルセド／田沢恭子訳『戦争がつくった現代の食卓――軍と加工食品の知られざる関係』白揚社、二〇一七年
John A. Jakle and Keith A. Sculle, *Fast Food: Roadside Restaurants in the Automobile Age* (Baltimore: Johns Hopkins University Press, 1999)

第三章

バートン・H・ウルフ／飯田隆昭訳『ザ・ヒッピー――フラワー・チルドレンの反抗と挫折』国書刊行会、二〇一二年
トッド・ギトリン／疋田三良、向井俊二訳『60年代アメリカ――希望と怒りの日々』彩流社、一九九三年
久保田裕子『有機食品Q&A』岩波書店、二〇〇三年
ウォーレン・J・ベラスコ／加藤信一郎訳『ナチュラルとヘルシー――アメリカ食品産業の変革』新宿書房、一九九三年
加藤信一郎『ヘルシーフードの神話――ヒッピー料理からサプリメントまで』廣済堂、二〇〇三年
Karen Iacobbo and Michael Iacobbo, *Vegetarian America : A History* (Westport: Praeger, 2004)
Megan J. Elias, *Food on the Page: Cookbooks and American Culture* (Philadelphia: University of Pennsylvania Press, 2017)
Thomas McNamee, *Alice Waters and Chez Panisse: The Romantic, Impractical, Often Eccentric, Ultimately Brilliant Making of a Food Revolution* (New York: Penguin Books, 2007)
コノー・J・フィッツモーリス、ブライアン・J・ガロー／村田武、レイモンド・A・ジュソーム・Jr.監訳『現代アメリカの有機農業とその将来――ニューイングランドの小規模農場』筑波書房、二〇一八年
加藤裕子『寿司、プリーズ！――アメリカ人寿司を喰う』集英社新書、二〇〇二年
松本紘宇『ニューヨーク　変わりゆく街の食文化――食文化年代記2001–2010』明石書店、二〇一一年

Kelli Foster, *Buddha Bowls: 100 Nourishing One-Bowl Meals* (Beverly: Harvard Common Press, 2018)
Sophia DeSantis, *Vegan Burgers and Burritos: Easy and Delicious Whole Food Recipes for the Everyday Cook* (Salem: Page Street, 2018)

第四章

ジョージ・リッツア／正岡寛司監訳『マクドナルド化する社会』早稲田大学出版部、一九九九年
キャロル・ヘルストスキー／田口未和訳『ピザの歴史』原書房、二〇一五年
Liz Barrett, *Pizza: A Slice of American History* (Minneapolis: Voyageur, 2014)
グレッグ・クライツァー／竹迫仁子訳『デブの帝国——いかにしてアメリカは肥満大国となったのか』バジリコ、二〇〇三年
エリック・シュローサー／楡井浩一訳『ファストフードが世界を食いつくす』草思社、二〇〇一年
Julian Agyeman, Caitlin Matthews, and Hannah Sobel eds., *Food Trucks, Cultural Identity, and Social Justice: From Loncheras to Lobsta Love* (Cambridge: MIT Press, 2017)
Andy Crouch, *Great American Craft Beer: A Guide to the Nation's Finest Beers and Breweries* (Philadelphia: Running Press, 2010)
佐藤亮子『地域の味がまちをつくる——米国ファーマーズマーケットの挑戦』岩波書店、二〇〇六年
ブルースター・ニーン／中野一新監訳『カーギル——アグリビジネスの世界戦略』大月書店、一九九七年
久野秀二『アグリビジネスと遺伝子組換え作物——政治経済学アプローチ』日本経済評論社、二〇〇二年
食糧の生産と消費を結ぶ研究会編『食料危機とアメリカ農業の選択』家の光協会、二〇〇九年
トゥラウガー・グロー、スティーヴン・マックファデン／兵庫県有機農業研究会訳『バイオダイナミック

農業の創造――アメリカ有機農業運動の挑戦』新泉社、一九九六年
Robert Gottlieb and Anupama Joshi, *Food Justice* (Cambridge: MIT Press, 2010)
Alison Hope Alkon and Julie Guthman eds., *The New Food Activism: Opposition, Cooperation, and Collective Action* (Oakland: University of California Press, 2017)
Ali Berlow, *The Food Activist Handbook: Big and Small Things You Can Do to Help Provide Fresh, Healthy Food for Your Community* (North Adams: Storey, 2015)
Mark Gorgolewski, June Komisar, and Joe Nasr, *Carrot City: Creating Places for Urban Agriculture* (New York: Monacelli Press, 2011)
ジェニファー・コックラル＝キング／白井和宏訳『シティ・ファーマー――世界の都市で始まる食料自給革命』白水社、二〇一四年

終章

鈴木透『実験国家アメリカの履歴書――社会・文化・歴史にみる統合と多元化の軌跡』（第2版）慶應義塾大学出版会、二〇一六年
John Carlos Rowe ed., *Post-Nationalist American Studies* (Berkeley: University of California Press, 2000)
Thomas Bender ed., *Rethinking American History in a Global Age* (Berkeley: University of California Press, 2002)

図作成／ＤＴＰ・市川真樹子

鈴木 透（すずき・とおる）

1964（昭和39）年東京都生まれ．87年慶應義塾大学文学部卒業，92年同大学院文学研究科博士課程修了．現在，慶應義塾大学法学部教授．専攻は，アメリカ文化研究，現代アメリカ論．

著書『現代アメリカを観る――映画が描く超大国の鼓動』（丸善ライブラリー，1998年）
『性と暴力のアメリカ――理念先行国家の矛盾と苦悶』（中公新書，2006年）
『実験国家アメリカの履歴書――社会・文化・歴史にみる統合と多元化の軌跡』（慶應義塾大学出版会，2016年，第2版）
『スポーツ国家アメリカ――民主主義と巨大ビジネスのはざまで』（中公新書，2018年）

共著『史料で読むアメリカ文化史3――都市産業社会の到来 1860年代～1910年代』（東京大学出版会，2006年）
『民族の表象――歴史・メディア・国家』（慶應義塾大学出版会，2006年）
ほか

食《しょく》の実験場《じっけんじょう》アメリカ
中公新書 *2540*

2019年4月25日発行

著 者 鈴木 透
発行者 松田陽三

本文印刷 暁印刷
カバー印刷 大熊整美堂
製 本 小泉製本

発行所 中央公論新社
〒100-8152
東京都千代田区大手町1-7-1
電話 販売 03-5299-1730
編集 03-5299-1830
URL http://www.chuko.co.jp/

Published by CHUOKORON-SHINSHA, INC.
Printed in Japan ISBN978-4-12-102540-1 C1222